Nordrhein-Westfalen

Anne-Mareike und
Rainer Endrigkeit

Eine Werkstatt

Verlag
an der Ruhr

Impressum

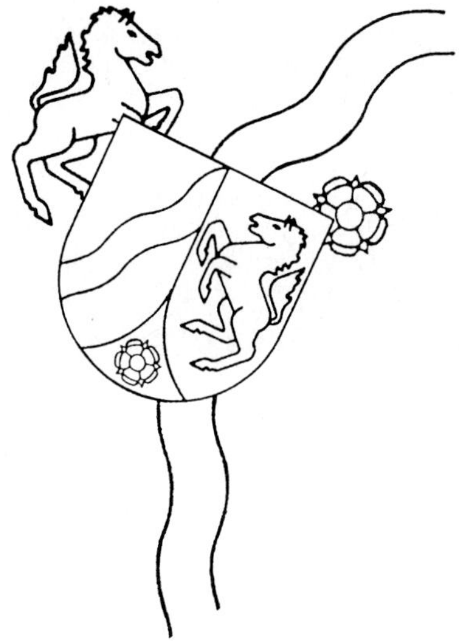

Titel: Nordrhein-Westfalen – Eine Werkstatt

Autoren: Anne-Mareike und Rainer Endrigkeit

Druck: Uwe Nolte, Iserlohn

Verlag: Verlag an der Ruhr
Postfach 10 22 51
45422 Mülheim an der Ruhr
Alexanderstr. 54
45472 Mülheim an der Ruhr
Tel.: 0208–4395450
Fax: 0208–4395439
E-Mail: info@verlagruhr.de
www.verlagruhr.de

ISBN 3-86072-582-3

Die Schreibweise der Texte
folgt der reformierten Rechtschreibung.

Ein weiterer Beitrag zum Umweltschutz:

*Das Papier, auf das dieser Titel gedruckt ist, hat ca. **50% Altpapieranteil,** der Rest sind **chlorfrei** gebleichte Primärfasern.*

SU = Sachunterricht
SC = Sprache
(Lesen und Schreiben)
FS = Freies Schreiben
Ma = Mathematik
Ku = Kunst
Mu = Musik

Inhaltsverzeichnis

SU = Sachunterricht
SC = Sprache
(Lesen und Schreiben)
FS = Freies Schreiben
Ma = Mathematik
Ku = Kunst
Mu = Musik

Inhaltsverzeichnis

Vorwort

Das Thema NRW im Unterricht

Unser Bundesland Nordrhein-Westfalen ist ein wichtiges Thema im Unterricht der Grundschule. Im Lehrplan Sachunterricht ist es als Aufgabenschwerpunkt für die dritte und vierte Klasse vorgeschrieben. Im Rahmen der Beschäftigung mit dem Thema sollen die Kinder die Großlandschaften und Städte in NRW kennen lernen und räumlich einordnen, die Bedeutung ländlicher und industrieller Lebensräume verstehen und die Lebens- und Arbeitsbedingungen der Menschen in NRW kennen lernen.

Die Organisationsform Werkstatt eignet sich besonders gut dafür, das umfassende Thema selbstgesteuert, handlungsorientiert und praxisbezogen im Unterricht zu behandeln. Die Werkstatt ist für den Einsatz in den Klassen 3 und 4 gedacht und fächerübergreifend konzipiert. Die Schwerpunkte liegen im sachunterrichtlichen, mathematischen und sprachlichen Bereich und werden durch musisch-kreative Anregungen erweitert.

Tägliche Arbeitszeit

An der NRW-Werkstatt sollten die Kinder möglichst täglich mindestens eine Doppelstunde arbeiten können. Die folgende Dreiteilung hat sich gut bewährt: gemeinsame **Einstimmung**, individuelle **Arbeitszeit** in selbstgewählter Sozialform, gemeinsame **Präsentation** der (Zwischen-)Ergebnisse oder Besprechung von aufgetretenen Besonderheiten und Ausblick auf die Weiterarbeit.

NRW-Mappe

Die Arbeitsergebnisse, die nicht in Gruppenarbeit erstellt werden, sollten die Kinder in einer eigenen NRW-Mappe sammeln. So entsteht ein hilfreiches Nachschlagewerk, auf das die Kinder immer wieder zurückgreifen können. Es kann aber auch ein eigenes Kapitel im Sachunterrichtsordner angelegt werden. Ideal wäre es, wenn jedes Kind gelochtes Schreib- und Rechenpapier zur Verfügung hat. Um nach der Bearbeitung eine Zuordnung von Aufgabentext der Station und Ergebnissen der Kinder zu ermöglichen, sollten die Kinder unbedingt die Aufgaben durchnummerieren und ihre Ergebnisse mit Aufgabennummern und Seitenzahl versehen.

Werkstatt-Regeln

Es ist empfehlenswert, für die Werkstatt-Arbeit mit den Kindern gemeinsam wichtige Regeln zu finden und festzulegen. Sie können dann z.B. auf ein großes Plakat geschrieben und im Klassenraum aufgehängt werden.

Beispiele:

- leise arbeiten, damit niemand gestört wird
- erst eine Arbeit beenden und auf dem Arbeits-Pass eintragen, dann die nächste beginnen
- alles so aufräumen, wie es vorher war
- bei Problemen oder Fragen zuerst an den „Chef" wenden
- auch bei Wartezeiten höflich bleiben
- mit dem Material sorgfältig umgehen
- usw.

Sozialform

Über die Sozialform, in der gearbeitet wird, entscheiden die Kinder in der Regel selber.
Wenn Sie bestimmte Sozialformen bei bestimmten Aufträgen bevorzugen, sollten Sie dies vorher mit den Kindern absprechen bzw. die einzelnen Angebote mit bekannten Symbolen versehen.

Material und Arbeitsblätter

Es hat sich bewährt, die Arbeitsblätter und das benötigte Material in einem Ablagekorb oder Karton bereitzustellen. Die Kinder entscheiden sich für eine Station, nehmen das Material komplett an ihren Arbeitsplatz und bringen es nach Erledigung vollständig wieder zurück. An den Körben kann man gut das Symbol für die Kapitelüberschrift, das Symbol für die gewünschte Sozialform und den Namen des „Chefs" mit Aufklebern oder Kärtchen/Büroklammern befestigen.
Auf den Arbeitsblättern sind die Arbeitsaufträge mit folgendem Symbol gekennzeichnet:

Für viele Stationen ist es ausreichend, das Arbeitsblatt nur zwei- oder dreimal zu fotokopieren. Die Kinder bearbeiten die Aufgaben dazu auf einem Blatt oder im Heft. Im Klassensatz sollten Sie jedoch folgende Angebote zur Verfügung stellen:

- Das Bundesland Nordrhein-Westfalen (S. 12)
- Wappen und Flagge von NRW (S. 13)
- Suchsel mit Ländernamen (S. 15)
- Autokennzeichen in NRW – Tabelle (S. 17)
- Regierungsbezirke in NRW (S. 20)
- Mein Wohnort – Steckbrief (S. 21)
- Stadtentwicklung von Köln – Schaubild (S. 28)
- Der Rhein (S. 30)
- Der Rhein – Karte (S. 31)
- Römische Zahlen (S. 35)
- Bauernregeln (S. 44)

Vorwort

„Chef"-Prinzip

In der Organisationsform Werkstatt bietet es sich an, das „Chef"-Prinzip anzuwenden. Für jede Station gibt es mindestens einen Chef, der über die Inhalte oder Arbeitsweisen seines Bereiches besonders viel weiß. In der NRW-Werkstatt sollte es Chefs für jede Großlandschaft geben aber auch übergeordnete Chefs für Bastelaufträge, praktische Versuche und das Internet. Die Kinder können sich selbst als Chef anbieten oder von anderen vorgeschlagen werden. Wird im Laufe der Arbeit noch ein Chef gebraucht, kann er jederzeit neu eingesetzt werden. Die Chefs können Anstecker tragen, auf denen ihr Bereich zu erkennen ist und der sie als Chef ausweist. Sie sind immer die erste Anlaufstelle. Nur wenn gemeinsam mit dem Chef keine Klärung herbeigeführt werden kann, dürfen sich die Kinder an Sie wenden.

Arbeits-Pass

Es ist wichtig, dass jedes Kind jederzeit über seine Arbeitssituation informiert ist und dass auch Sie immer die Übersicht über die Arbeit Ihrer Schüler haben.
In der Blanko-Vorlage für den Arbeits-Pass können Sie die Bereiche eintragen, die Sie aus dem Inhaltsverzeichnis als für alle verbindlich (Pflichtaufgaben) ausgewählt haben. Die Kinder können nun nach Belieben zusätzliche Angebote bearbeiten und in ihren Pass eintragen. So ist eine differenzierte und individuelle Zusammenstellung der Werkstatt für jedes Kind möglich.
Die Kinder tragen auf dem Pass ein, welche Angebote sie bereits bearbeitet haben, ob das Ergebnis vorgestellt und ob es kontrolliert wurde. So sehen sie gleichzeitig, welche Angebote noch offen sind.

Kartenmaterial, Lese-Ecke, Material-Ecke, Ausstellungstisch, Plakatwand

Schon vor Beginn der eigentlichen Werkstatt sollten gemeinsam mit den Kindern Literatur und Materialien gesammelt und ausgestellt werden. Das stimmt die Kinder auf das Thema NRW ein und macht sie schon einmal neugierig.
Hängen Sie eine große NRW-Karte gut sichtbar auf, so dass die Kinder sie schon einmal mit dem Finger „erfahren" können.
In die Lese-Ecke gehören neben passenden Sachbüchern auch kindgerechte Atlanten, Karten und Nachschlagewerke. Literaturtipps finden Sie im Anhang. In der Materialecke können Prospekte und Postkarten gesammelt werden. Stellen Sie hier auch alle Bastelmaterialien zur Verfügung, die für die einzelnen Angebote benötigt werden.
Auf dem Ausstellungstisch befindet sich alles, was von den Kindern und von Ihnen nur zur Ansicht zur Verfügung gestellt wird. Hier werden auch die Arbeitsergebnisse präsentiert.

Neue Medien – Internet

Wenn den Schülern ein Computer mit Internetzugang zur Verfügung steht, kann dieser gut von Kindern mit Grundkenntnissen im Umgang mit dem Internet verwendet werden. Bei einigen Themen bietet sich eine Recherche an. Zum Teil finden sich auf den Arbeitsblättern Hinweise auf www-Seiten oder zusätzliche Suchaufträge.

Das Internet eignet sich sehr gut zur gezielten Suche von Informationen. Für diesen Zweck wird zuerst ein Programm (Browser) gestartet.
Der Browser zeigt die so genannten Webseiten. Die Navigation (in der Regel per Mausklick) im Internet funktioniert sehr einfach: Jedes unterstrichene Wort (Hypertext) und jede Schaltfläche auf einer Website birgt eine Sprungadresse (Link) zu einem neuen Ort, der weitere Informationen zeigt. Dieser Ort kann sich auf der gleichen Seite befinden oder aber mit einer Website irgendwo auf der Welt verknüpft sein. Mit den Pfeilen „Vor" und „Zurück" kann man zwischen den Internetseiten hin- und herblättern. Natürlich kann man auch eine Internetadresse in der Adresszeile direkt eingeben, beispielsweise die Seite eines Suchdienstes (Suchmaschine, z.B. www.nettz.de).
Wenn man den Inhalt einer Seite ausdrucken möchte, wählt man unter ‚Datei' die Option ‚Drucken' aus. Man kann auch mit der gedrückten linken Maustaste Textbereiche markieren und diese unter ‚Bearbeiten' - ‚Kopieren' in die Zwischenablage legen. In der Textverarbeitung wählt man wieder ‚Bearbeiten' und dann ‚Einfügen' und sofort erscheint der Textbereich aus dem Internet in Ihrem Dokument. Möchte man nur ein Bild speichern, sollte man mit der rechten Maustaste darauf klicken und mit Hilfe des Kontextmenüs das Bild speichern.

Schüler sollten vielleicht zuerst mit der Suchmaschine der „Blinden Kuh" (www.blinde-kuh.de) suchen, da die Ergebnisse der Suchanfrage primär für Kinder gemacht wurden und somit leichter verständlich sind. Wenn die Suche nicht zum gewünschten Erfolg führt, können die Kinder auch mit einer der „großen" Suchmaschinen suchen (www.nettz.de, www.lycos.de, ww.de.altavista.com oder www.google.com oder ...). Internet-Adressen zum Thema NRW finden Sie im Anhang. Diese Hinweise auf interessante WWW-Seiten kann Ihnen bei Recherche und Vorbereitung dienen oder auch von den Kindern genutzt werden; kopieren Sie dazu diese Seite für die Schüler.

Vorwort

Aufbau der NRW-Werkstatt

Die NRW-Werkstatt ist in 4 übergeordnete Kapitel unterteilt. Diese werden durch folgende Symbole veranschaulicht:

NRW – Ein Bundesland in Deutschland

Das gibt's in NRW

Die Großlandschaften in NRW

Ideenbörse

Das Kapitel „Die Großlandschaften in NRW" ist nochmals entsprechend der Großlandschaften in 8 Unterkapitel eingeteilt:

Münsterland 

Ostwestfalen 

Sauerland 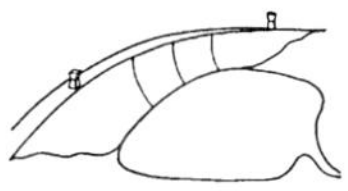

Ruhrgebiet 

Bergisches Land 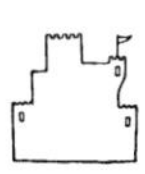

Kölner Bucht 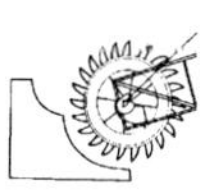

Eifel 

Niederrhein 

Das erste Kapitel sollte einleitend, die übrigen können in beliebiger Reihenfolge und Auswahl, je nach den Vorerfahrungen der Kinder, bearbeitet werden.

Ergänzende Hinweise

Es wird häufig die Abkürzung NRW für Nordrhein-Westfalen verwendet. Sie sollten mit den Kindern die Verwendung dieser üblichen Abkürzung klären.

Das NRW-Lied ist extra für diese Mappe von Christoph Dartsch getextet und komponiert worden. Lassen Sie sich bitte nicht abschrecken, wenn es Ihnen auf den ersten Blick kompliziert zu sein scheint: die Melodie ist ein echter Ohrwurm, wenn man sie erst mal raus hat - und die Kinder lieben sie! Wenn Sie weitere Hilfe brauchen, sind wir gerne bereit, Ihnen die Melodie als Computerdatei zu schicken: fordern Sie das Midi-file an unter endrigkeit@altavista.de, wir melden uns schnellstmöglich.

Lösungen

• Suchsel mit Ländernamen (S.15)

G	R	U	B	N	E	D	N	A	R	B
	H		D	B					R	
	A		N	E	S	S	E	H	U	
	M		A	R					H	
N	B		L	L					R	
R	U		R	I	B	R	E	M	E	N
E	R		A	N						
Y	G	S	A	C	H	S	E	N		
A			S			N	I	E	H	R
B	N	E	G	N	I	R	Ü	H	T	
	D	Ü	S	S	E	L	D	O	R	F

• Der Rhein (S.30) Rätsel

1. Ufer
2. Fähre
3. Nordsee
4. Schiffe
5. NRW
6. Fische
7. Wasser
8. Fluss
9. Segel

Lösungswort:
Rheinfall

Arbeits-Pass von: ____________

Angebot	erledigt am...	kontrolliert/ vorgestellt am...

Die Bundesländer

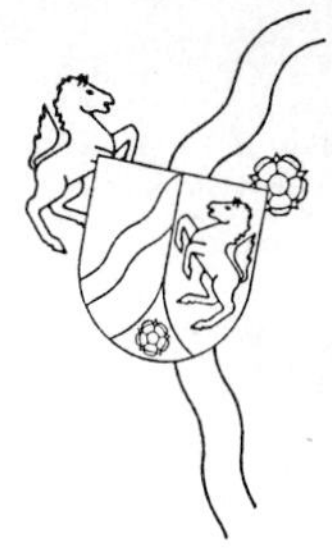

Du lebst in der Bundesrepublik Deutschland. Das ist einer von über 40 Staaten in Europa. Die Hauptstadt ist Berlin. Die Bundesrepublik Deutschland ist in 16 einzelne Bundesländer unterteilt. Jedes Bundesland hat eine eigene Landeshauptstadt.

Auf den Karten findest du die Namen der Bundesländer und ihre Hauptstädte.

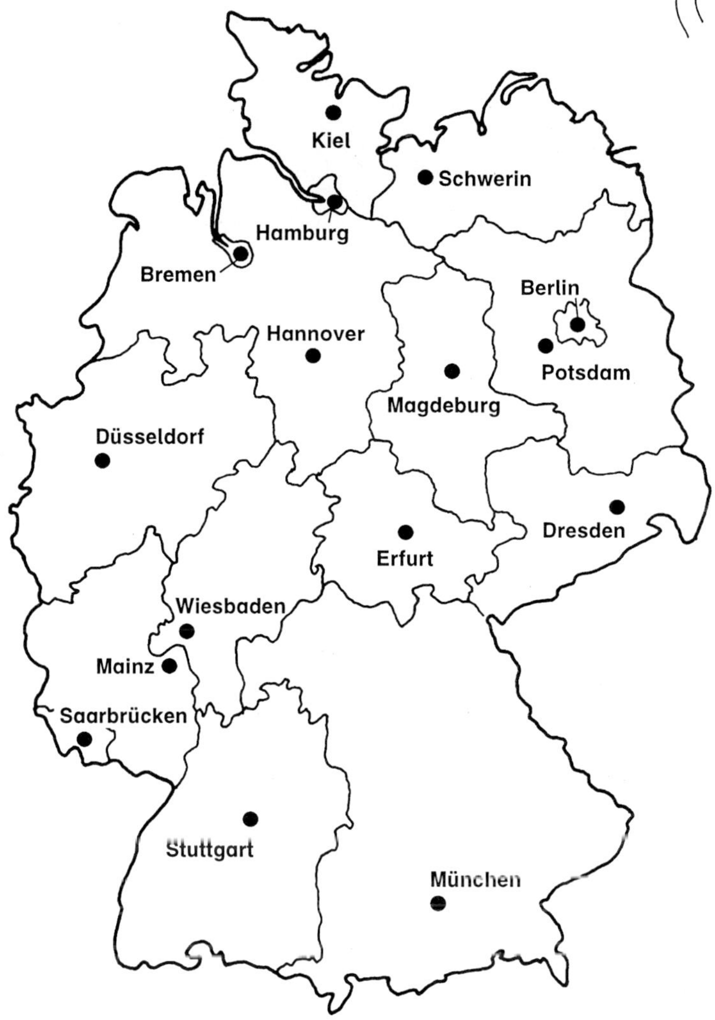

Bei welchen Bundesländern ist ein Teil der Landesgrenze zugleich ein Teil der Staatsgrenze? Schreibe auf, an welche anderen Staaten die Bundesländer grenzen. Welche Bundesländer grenzen gar nicht an andere Staaten? Schreibe auch auf, welche Nachbarbundesländer jedes Bundesland hat.

Lege eine Tabelle an:

Bundesland	Hauptstadt	grenzt an	Nachbarbundesländer
Schleswig-Holstein	Kiel	Dänemark	Niedersachsen, Mecklenburg-Vorpommern

In welchem Bundesland lebst du?

In welchen Bundesländern warst du schon?

Die Bundesländer – Karte

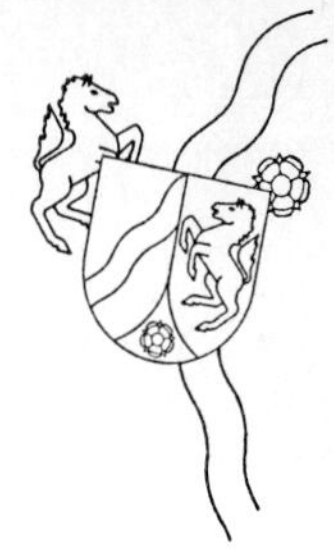

Die Bundesländer – Fläche und Einwohner

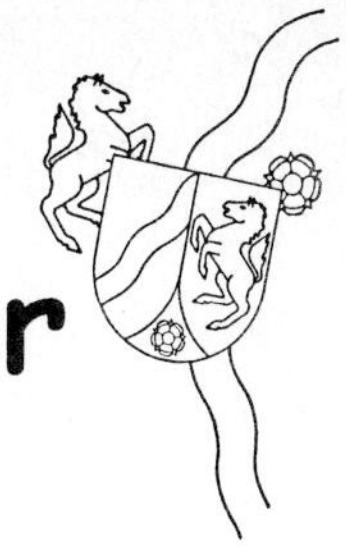

In der Liste kannst du erkennen, wie groß die einzelnen Bundesländer sind und wie viele Einwohner dort wohnen.

Bundesland	Fläche in km²	Einwohner in Millionen
Baden-Württemberg	35 752	10,5
Bayern	70 548	12,2
Berlin	890	3,4
Brandenburg	29 476	2,6
Bremen	404	0,7
Hamburg	755	1,7
Hessen	21 114	6,0
Mecklenburg-Vorpommern	23 171	1,8
Niedersachsen	47 614	7,9
Nordrhein-Westfalen	34 080	18,0
Rheinland-Pfalz	19 847	4,0
Saarland	2 570	1,1
Sachsen	18 413	4,5
Sachsen-Anhalt	20 447	2,6
Schleswig-Holstein	15 769	2,8
Thüringen	16 172	2,4

Welches Bundesland hat die größte Fläche?
Und welches die kleinste?
Welches Bundesland hat die meisten Einwohner?
Hat dieses Bundesland auch die größte Fläche?

Sortiere die Bundesländer nach der Anzahl der Einwohner. Zeichne dazu ein neues Säulendiagramm in dein Rechenheft oder auf kariertes Papier.

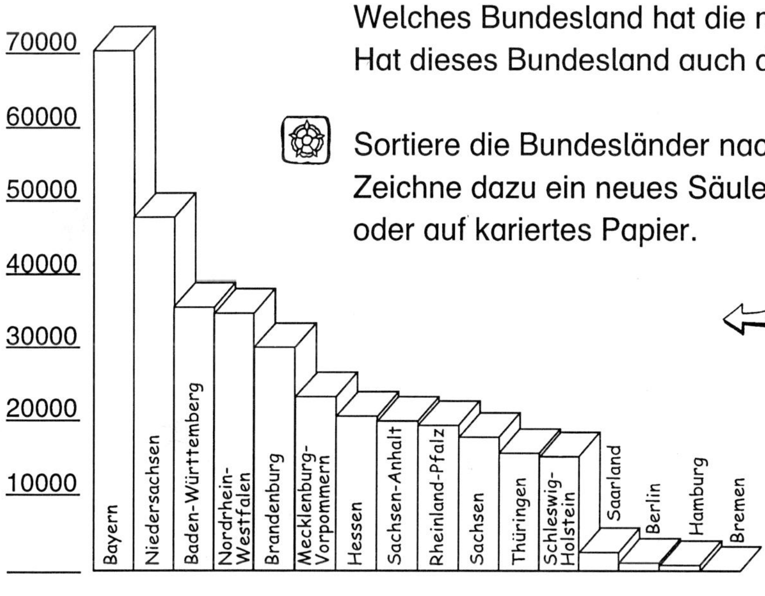

Hier siehst du ein Säulendiagramm. Es veranschaulicht die Größe der Bundesländer in Quadratkilometern (km²).

Großlandschaften in NRW

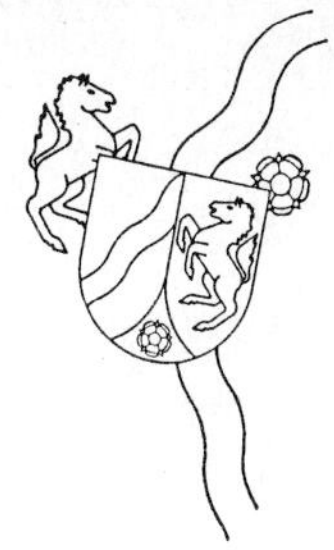

NRW ist in acht große Landschaftsbereiche eingeteilt. Auf der Karte kannst du sehen, wie die Großlandschaften heißen.

Lege eine Tabelle an und trage die Namen der Großlandschaften ein. Suche auf einer Karte größere Städte, die in der Landschaft liegen und schreibe sie dazu.

Großlandschaft	Städte
Münsterland	Münster, Warendorf, Dülmen, Greven, ...

Idee

Stellt ein Puzzle von NRW her: Kopiert und vergrößert eine Karte von NRW und malt sie bunt aus. Schneidet sie in mehrere Teile, z.B. entlang der Grenzen der Großlandschaften. Klebt die einzelnen Teile auf Styropor, Pappe oder Moosgummi und schneidet sie aus.

Suchsel mit Ländernamen

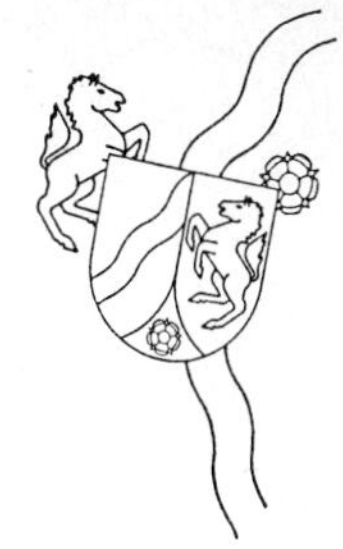

Hier sind neun Bundesländer der BRD versteckt, außerdem die Landeshauptstadt von NRW und zwei Flüsse in NRW.

Suche in allen Richtungen
(→ = 3,
← = 4,
↑ = 2
↓ = 3).

G	R	U	B	N	E	D	N	A	R	B
E	H	R	D	B	N	S	T	E	R	A
B	A	N	N	E	S	S	E	H	U	T
E	M	T	A	R	U	T	R	Ü	H	E
N	B	Ü	L	L	A	B	U	M	R	S
R	U	L	R	I	B	R	E	M	E	N
E	R	T	A	N	H	T	A	N	O	J
Y	G	S	A	C	H	S	E	N	E	O
A	L	I	S	A	E	N	I	E	H	R
B	N	E	G	N	I	R	Ü	H	T	U
G	D	Ü	S	S	E	L	D	O	R	F

Trage die Ländernamen, die Landeshauptstadt und die Flüsse in die Tabelle ein.

❶	❺	❾
❷	❻	Fluss
❸	❼	Fluss
❹	❽	Landeshauptstadt

Vervollständige die Tabelle mit den fehlenden 7 Bundesländern.

⑩	⑬	⑮
⑪	⑭	⑯
⑫		

Autokennzeichen in NRW

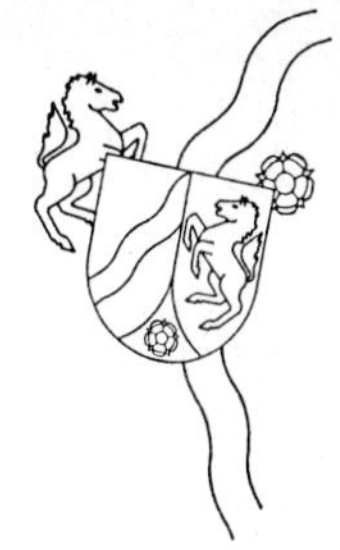

In NRW gibt es viele Städte.
Jede Stadt hat ihr eigenes Autokennzeichen.

Welches Autokennzeichen hat die Stadt, in der du wohnst?

Welche Kennzeichen kennst du noch? Schreibe sie auf.

Auf der Karte siehst du die Autokennzeichen der Städte.

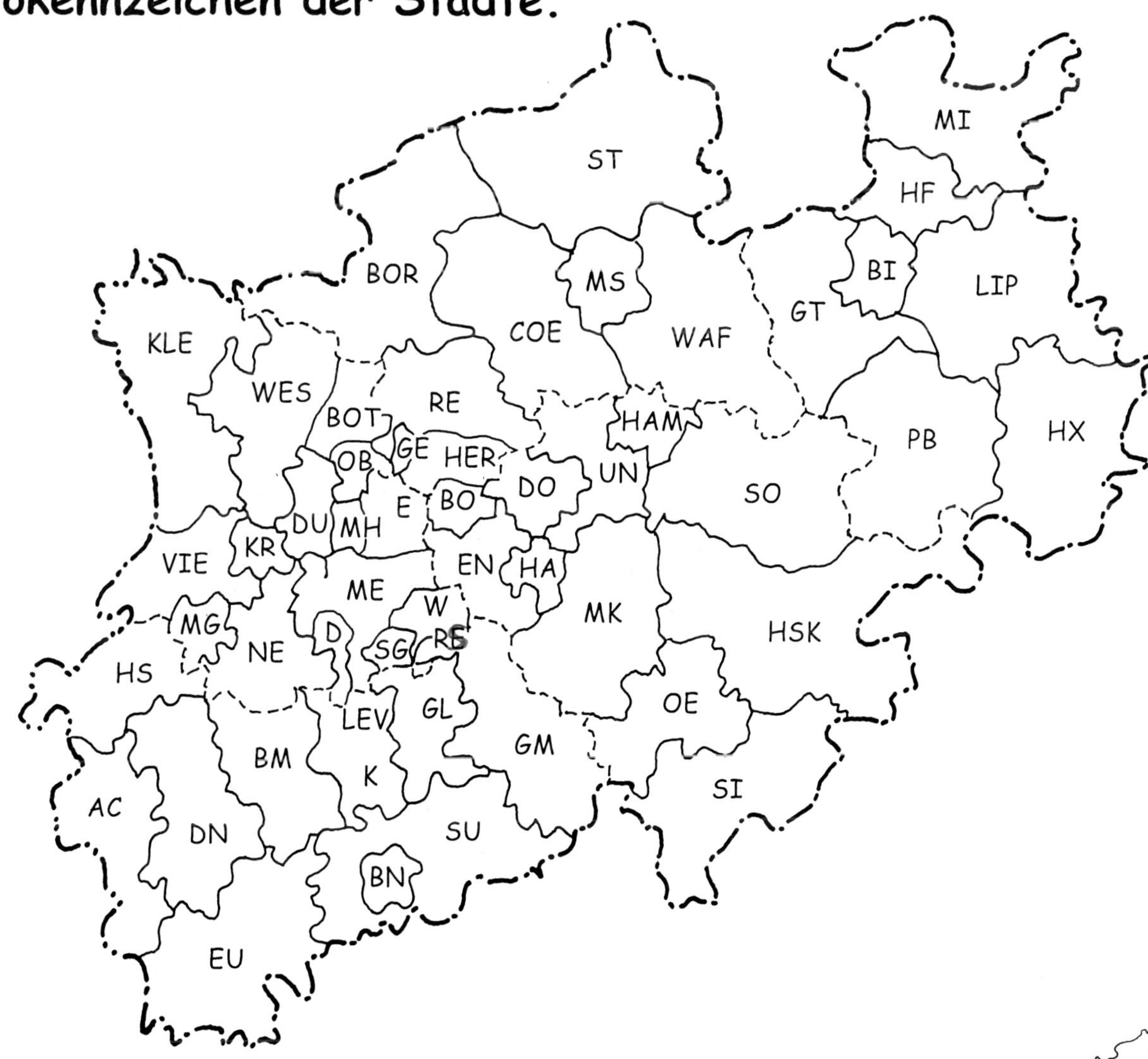

Autokennzeichen in NRW – Tabelle

Fülle die Tabelle aus. Finde immer die richtigen Städten zu den Autokennzeichen. Wenn du nicht sicher bist, schau noch mal auf einer Karte nach.

Damit du siehst, wie groß die Städte sind, sind sie nach Einwohnerzahlen geordnet. Wie viele Einwohner hat die Stadt, in der du lebst? Gibt es in der Nähe noch eine größere Stadt?

Städte mit mehr als 20.000 Einwohnern	
KLE	
HF	
DN	
LIP	
EU	
MI	
WES	

Städte mit mehr als 250.000 Einwohnern	
BN	
GE	
W	
OB	
BO	
MS	
BI	

Städte mit mehr als 100.000 Einwohnern	
AC	
MH	
RS	
MG	
LEV	
HA	
KR	
RE	
PB	
NE	
HER	
BOT	
SG	
HAM	
SI	

Städte mit mehr als 500.000 Einwohnern	
DU	
K	
DO	
D	
E	

Entfernungen in NRW

In dieser Tabelle sind 10 Städte aufgeführt. Du kannst jede beliebige Entfernung zwischen diesen Städten in Kilometern ablesen. Dazu suchst du die eine Stadt in der oberen Zeile, die andere in der linken Spalte. Dann kannst du die Entfernung zwischen beiden Städten in der Mitte ablesen, dort wo sich die Spalte und die Zeile treffen.

Beachte, dass die Entfernung zwischen zwei Städten immer gleich ist – egal von wo aus man startet. Wenn du also die Entfernung von Dortmund nach Aachen nicht findest, probierst du es anders herum: Von Aachen nach Dortmund.

	Paderborn	Münster	Köln	Essen	Düsseldorf	Duisburg	Dortmund	Bonn	Bielefeld	Aachen
Aachen	248	210	63	112	80	107	150	90	248	
Bielefeld	44	77	189	139	169	159	106	214		
Bonn	214	176	26	102	78	97	119			
Dortmund	106	68	94	37	66	53				
Duisburg	159	116	71	20	27					
Düsseldorf	169	134	41	33						
Essen	139	102	76							
Köln	189	151								
Münster	90									
Paderborn										

Bearbeite die Aufgaben zu den Entfernungen und schreibe sie in dein Heft.

1. a) Wie viele Kilometer sind es von Bonn nach Köln?

b) Wie viele Kilometer sind es von Köln nach Münster?

c) Wie weit ist es von Bonn nach Münster?

d) Wie weit ist es von Bonn nach Münster, wenn du über Köln fahren willst?

e) Wie viele Kilometer ist diese Strecke länger als der direkte Weg?

2. a) Wie weit ist es von Dortmund nach Düsseldorf?

b) Wie weit ist es von Dortmund nach Köln?

c) Wie weit fahrt ihr von Düsseldorf bis zum Kölner Dom, wenn ihr zuerst noch eure Tante in Düsseldorf abholt?

3. a) Wie weit ist es von Münster nach Düsseldorf?

b) Wie weit ist es von Münster nach Dortmund?

c) Wie viele Kilometer fahrt ihr von Münster bis zum Düsseldorfer Flughafen, wenn ihr in Dortmund noch Freunde mitnehmt?

Denke dir selber Aufgaben aus und schreibe sie auf ein Blatt (Rechenweg und Lösungen auf die Rückseite) und lege sie zu der Tabelle.

Landeshauptstadt Düsseldorf

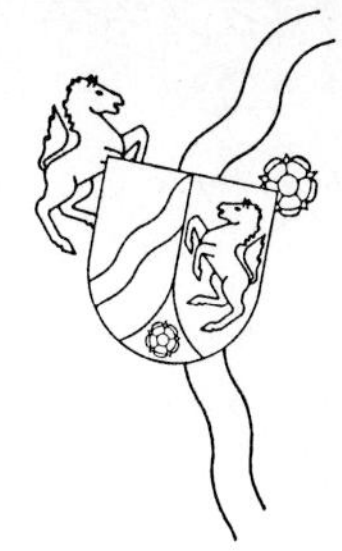

Die Landeshauptstadt von Nordrhein-Westfalen in Düsseldorf. Man nennt sie auch Regierungshauptstadt, weil von hier aus das ganze Bundesland regiert und verwaltet wird. In Düsseldorf ist der Sitz des Landtages. Hier arbeiten die Abgeordneten, die von den Menschen in NRW gewählt wurden.
Die Abgeordneten wählen den Ministerpräsidenten, der die Minister des Landes ernennt. Ein Minister leitet ein Ministerium.
Hier arbeiten Beamte und Angestellte, die Fachleute für verschiedene Aufgaben sind.

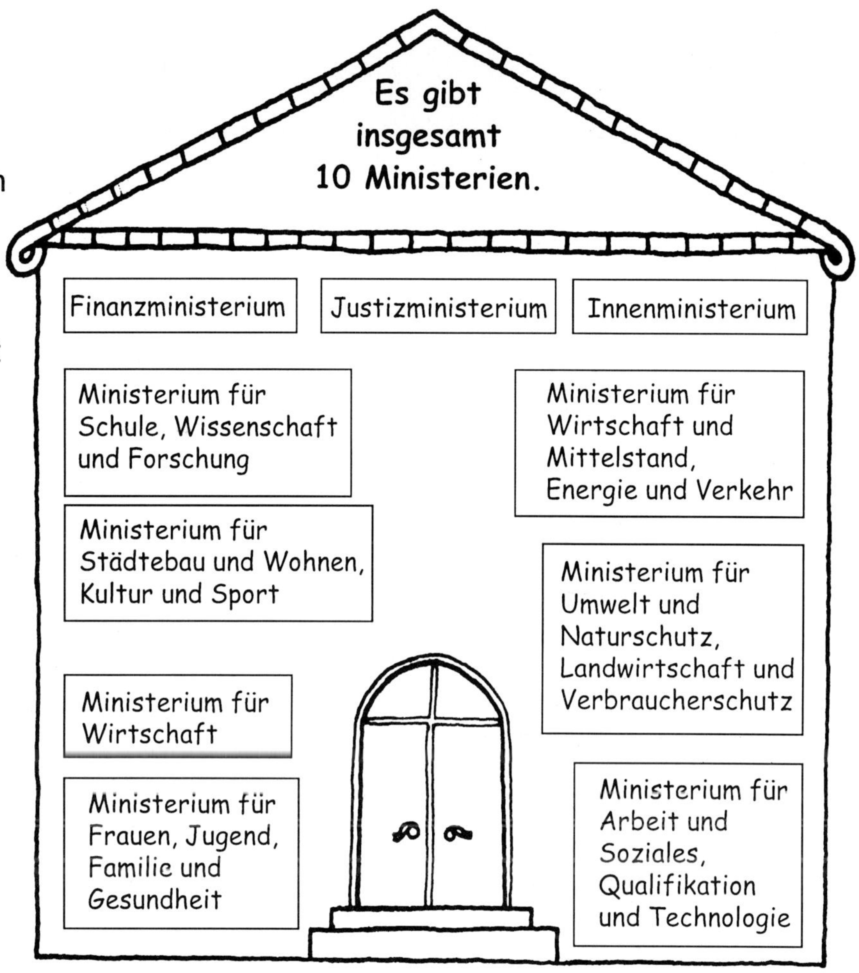

Suche dir drei Ministerien aus und erkundige dich, wofür sie zuständig sind und womit sie sich beschäftigen.
Frage dazu Eltern, Lehrer oder andere Erwachsenen.

Finde heraus, wer Ministerpräsident oder Ministerpräsidentin von NRW ist. Suche in Tageszeitungen nach Namen von Ministerinnen und Ministern und schreibe sie auf.

Bundestag und Landtag

In der Landespolitik werden alle Dinge bearbeitet, die ein einzelnes Bundesland, zum Beispiel NRW, betreffen.
Alle 16 Bundesländer zusammen wählen den Bundestag.
Der Bundestag bestellt den Bundeskanzler, den alle Bundesländer gewählt haben. Der Bundeskanzler und die Bundesminister zusammen sind die Regierung der Bundesrepublik Deutschland.

Regierungsbezirke in NRW

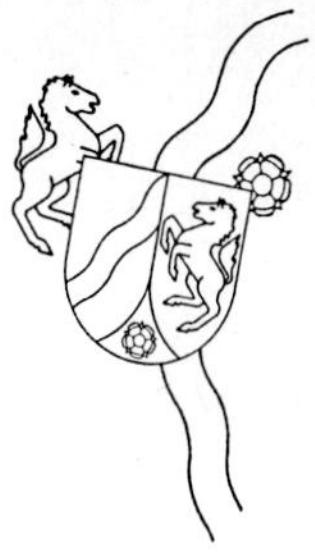

Einen Teil der Verwaltungsaufgaben gibt Düsseldorf an die Regierungsbezirke in NRW ab. So sind die Aufgaben verteilt und es muss nicht alles von Düsseldorf aus geregelt werden. NRW hat insgesamt fünf Regierungsbezirke: Arnsberg, Detmold, Düsseldorf, Köln und Münster. Die Namen der Städte zeigen an, wo der Verwaltungssitz eines Regierungsbezirkes ist.

- Male die Regierungsbezirke mit verschiedenen Farben aus.
- Suche die fünf Verwaltungssitze und markiere sie.
- Suche in jedem Regierungsbezirk mindestens drei weitere Städte und schreibe ihre Namen auf.

Regierungsbezirk **Düsseldorf**	Regierungsbezirk **Münster**	Regierungsbezirk **Arnsberg**	Regierungsbezirk **Detmold**	Regierungsbezirk **Köln**

Mein Wohnort – Steckbrief

Erstelle einen Steckbrief für deinen Wohnort.

- Suche deine Stadt auf der Karte oder im Atlas.
- Finde so viel wie möglich über deine Stadt heraus, sodass du die Fragen beantworten kannst.

Mein Wohnort

Meine Heimatstadt heißt: ______________________________

Zu diesem Landkreis gehört meine Stadt: ______________

Das Autokennzeichen meines Wohnorts: ________________

Zu diesem Regierungsbezirk gehört mein Wohnort:

____

Diese Städte oder Landkreise liegen in der Nähe meines Wohnorts:

____

____

Das weiß ich noch über meinen Wohnort:

____

____

____

Die Stadt Düsseldorf

Düsseldorf ist eine Großstadt mit ungefähr 570 000 Einwohnern. Sie liegt am Rhein. Düsseldorf wird auch die Bürostadt genannt, denn hier gibt es besonders viele Bürohäuser.
Bekannte Handelsfirmen, Banken und Versicherungen finden es wichtig, ein Büro in der Landeshauptstadt zu haben.

Verkehrsknotenpunkt
Nicht alle Menschen, die in Düsseldorf arbeiten, wohnen auch dort.
Sie „pendeln" jeden Tag zwischen ihrer Wohnung und ihrem Arbeitsplatz hin und her.
Deshalb ist es für Düsseldorf wichtig, dass die Menschen die Stadt mit Auto, Zug oder anderen Verkehrsmitteln gut erreichen können: Düsseldorf ist ein Verkehrsknotenpunkt.

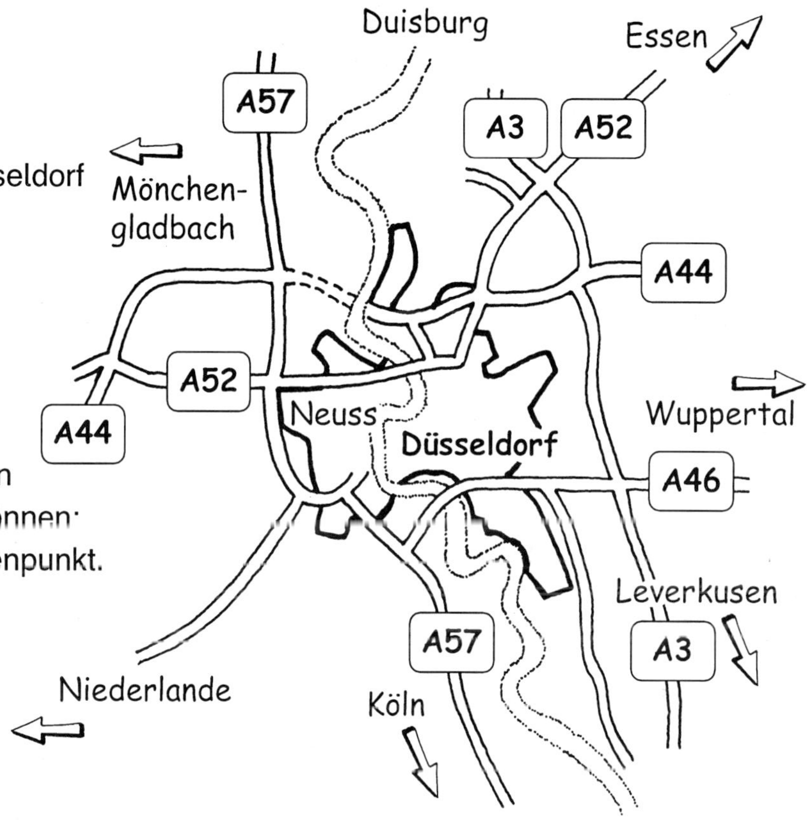

- Welche großen Autobahnen findest du auf der Karte?
- Weshalb sagt man wohl, dass Düsseldorf in einem *Autobahn-Rechteck* liegt? Zeichne es ein.
- Suche Städte und Orte, in denen Pendler wohnen könnten.
- Über welche Autobahn würde man von deinem Wohnort nach Düsseldorf kommen?

Messestadt Düsseldorf
Eine Messe ist eine Fachausstellung zu einem bestimmten Thema.
Die Düsseldorfer Messe ist sehr bekannt. Die weltweit größte Messe für Drucken und Papier, die „DRUPA", findet in Düsseldorf statt. Vielleicht hast du auch schon einmal von der Bootsmesse „BOOT" gehört? In Düsseldorf gibt es auch viele Modemessen.

- Warst du schon mal auf einer Messe? Was gab es dort zusehen?

Flughafen Düsseldorf

Der Flughafen in Düsseldorf ist der drittgrößte in Deutschland. Von dort aus fliegen die Flugzeuge 180 verschiedene Ziele weltweit an. Die wichtigsten europäischen Großstädte werden mehrmals am Tag angeflogen.

Es gibt 80 verschiedene Fluggesellschaften. 1997 sind in einem Jahr über 15 Millionen Menschen von Düsseldorf aus geflogen.

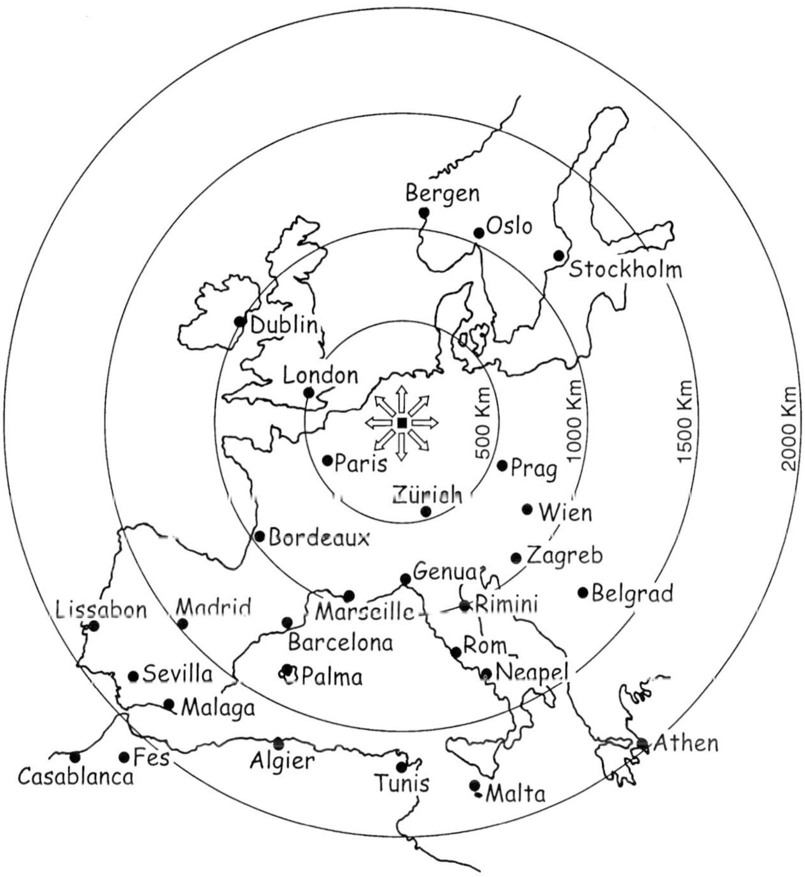

- Schreibe alle Fluggesellschaften auf, die du kennst.
- Schreibe 10 europäische Großstädte auf, die angeflogen werden.
- Bist du schon einmal mit dem Flugzeug in den Urlaub geflogen? Wohin ging die Reise? Von welchem Flughafen bist du abgeflogen?

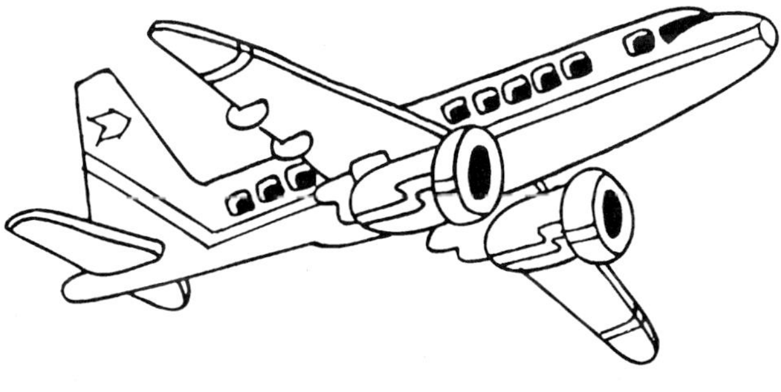

Das Neandertal

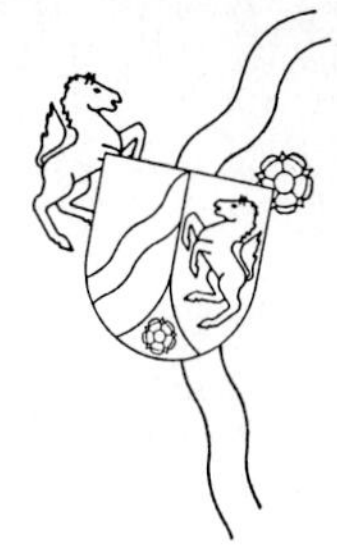

In der Nähe von Düsseldorf liegt das Neandertal, ein enges Tal mit vielen Höhlen. Im Jahr 1856 fand ein Lehrer in einer Höhle Knochenreste. Sie gehörten zum Skelett eines Höhlenbewohners, den man „Neandertaler" nannte.
Die Neandertaler lebten vor etwa 100 000 bis 40 000 Jahren und waren uns heutigen Menschen ziemlich ähnlich. Sie gingen bereits aufrecht auf zwei Beinen. Sie waren sehr stämmig und wurden nicht größer als etwa 1,60 m. Ihre Stirn und ihre Nase waren ziemlich flach.
Die Neandertaler lebten in Höhlen und trugen Felle. Sie lebten von der Jagd und von Früchten und Pflanzen, die sie sammelten. Sie kannten das Feuer und benutzten sogar schon Werkzeuge.

Viele Forscher haben das Neandertal erkundet, um unsere Vorfahren besser kennen zu lernen. Im Jahr 2000 entdeckte eine Gruppe von Wissenschaftlern neue bedeutende Fundstücke aus der Steinzeit.

Telegramm

Meldung aus Neandertal STOPP **Sensationelle Funde bei Grabung** STOPP **Knochenstücke** STOPP **50 000 Jahre alt** STOPP **Neandertaler** STOPP **5000 Steinwerkzeuge** STOPP **verbrannte Tierknochen von Mahlzeitresten** STOPP **Beweis für die Feuernutzung** STOPP

Hinweis:

Über die neusten Funde im Neandertal kannst du dich im Internet erkundigen:
www.neanderthal.de

Schreibe zu der Telegrammmeldung über die neusten Funde aus dem Neandertal einen Zeitungsbericht.

Erkundige dich über den Neandertaler.
Leihe dir Bücher über die Steinzeit aus.
Wenn du Lust hast, bereite einen kleinen Vortrag für deine Mitschüler vor.

Höhlenbilder

Die Neandertaler waren bereits Künstler, die ihre Werke an Höhlenwänden für die Nachwelt hinterlassen haben. Mit selbst hergestellten Farben malten sie Muster und Ornamente, aber auch Abbildungen von Tieren und Jagdszenen an die Wände. Die Farben wurden mit den Fingern oder einfachen Pinseln aus Tierhaaren aufgetragen.
Die dargestellten Tiere sind meistens in der Seitenansicht gemalt. Die Steinzeitkünstler haben dabei oft Tiere gezeichnet, die sie als Beutetiere jagten, wie Mammuts, Bisons, Hirsche und Auerochsen.

Du kannst selber ein Höhlenbild herstellen, so wie es damals die Steinzeitmenschen getan haben. Als „Höhlenwand" kannst du ein großes Blatt Papier oder Tapete nehmen.

Du brauchst: Wasserfarbe, Papier oder Tapete, Schwamm, Kartoffeln, Moosgummi oder Styropor

So geht es: Färbe das Papier/die Tapete mit einem Schwamm und Wasserfarbe in hellen Naturtönen (gelblich, ocker, beige). Lass es trocknen. Schnitze aus einer Kartoffel, Moosgummi oder Styropor einen Stempel in der Form der Urtiere. Ihr könnt verschiedene Stempel in gleicher Größe anfertigen und austauschen. Drucke deine Herde auf deine „Höhlenwand".

Idee Gestaltet mit der ganzen Klasse zusammen ein großes „Höhlenbild" aus Tapete. So habt ihr einen schönen Wandschmuck fürs Klassenzimmer.

Die Stadt Köln

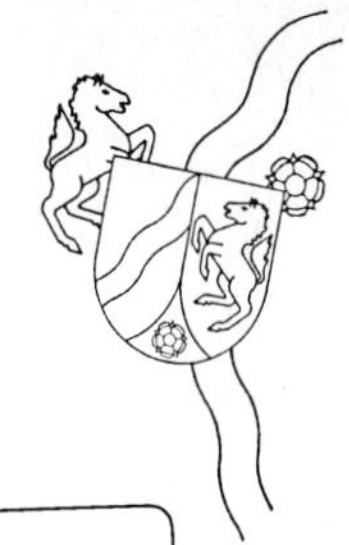

Der Kölner Dom

Das Wahrzeichen der Stadt Köln, der Kölner Dom, ist auch im Ausland sehr berühmt. Der Dom steht auf den Grundmauern eines römischen Tempels. 1248 begann man mit dem Bau. Erst 1880 wurde er vollendet.
Jedes Jahr pilgern viele tausend Menschen zum Kölner Dom. Seine beiden Türme sind 157 m hoch. Die Petersglocke im Glockenturm wiegt 24 Tonnen. Damit ist sie die größte Glocke der Welt, die man läuten kann.

Rechne aus, wie viele Jahre der Kölner Dom eine Baustelle war.

Die Hohenzollernbrücke

Die Hohenzollernbrücke liegt neben dem Dom und führt über den Rhein. Sie ist eine 400 m lange Bogenbrücke, über die alle zwei Minuten ein Personenzug in den Hauptbahnhof einfährt. Damit ist sie die am meisten befahrene Eisenbahnbrücke in ganz Europa. Der Hauptbahnhof ist nur einer von 22 Bahnhöfen in Köln.

Rechne aus, wie viele Züge in einer Stunde über die Hohenzollernbrücke fahren.

Der Kölner Karneval

In ganz Deutschland und darüber hinaus ist Köln berühmt für seinen Karneval. „Kölle Alaaf" rufen die Jecken überall. Neben dem offiziellen Rosenmontagszug gibt es viele Feiern in den Veedeln (alte Stadtviertel), Schulen und Vereinen. Der Karneval ist in Köln so wichtig, dass die Jecken sogar von der 5. Jahreszeit sprechen: Frühling, Sommer, Herbst, Winter und Karneval!

Wird in deiner Heimatstadt Karneval gefeiert?

In welches Kostüm würdest du an Karneval gerne mal schlüpfen?

Stadtentwicklung von Köln

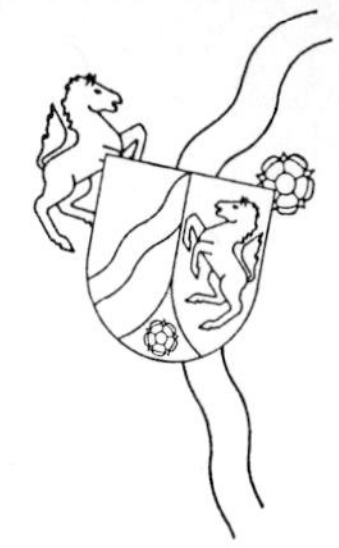

Köln ist seit 2000 Jahren ein bedeutendes Zentrum. Wegen der günstigen Lage am Rhein machten schon die Römer im Jahre 50 n. Chr. Köln zur Stadt. Sie hieß zuerst nach der in Köln geborenen Kaiserin Agrippina „Colonia Agrippina“. Damals lebten ungefähr 25 000 Menschen in Köln.

Im Mittelalter, ungefähr ab dem Jahr 1000, war Köln eine reiche und mächtige Handelsstadt. Viele Händler reisten dorthin, um ihre Waren anzubieten. Die Waren aus Köln wurden nach ganz Europa weiterverkauft. Es lebten etwa 30 000 Einwohner in Köln.

Vor ungefähr 150 Jahren ließen sich viele moderne Industriebetriebe in Köln nieder. Die ersten Dampfschiffe und Dampflokomotiven fuhren.
Die Anzahl der Kölner stieg auf 50 000.
Um 1910 wurden verschiedene Gebiete eingemeindet. Mit allen großen Vororten zählte Köln schon 500 000 Einwohner.
Während des 2. Weltkrieges wurde die Kölner Innenstadt völlig zerstört.
1945 hatte die Stadt nur noch 40 000 Einwohner. In den Jahren danach bauten die Menschen ihre Stadt wieder auf. Heute ist Köln die größte Stadt in Nordrhein-Westfalen. Sie hat eine Million Einwohner.

Szene auf einem Markt im Mittelalter

Stadtentwicklung von Köln — Schaubild

Vervollständige das Schaubild mit der Entwicklung der Einwohnerzahlen der Stadt Köln. Lies dazu im Text nach, in welchem Jahr wie viele Einwohner in Köln lebten und mache an der richtigen Stelle ein Kreuz. Verbinde dann die Kreuzchen mit einer Linie.

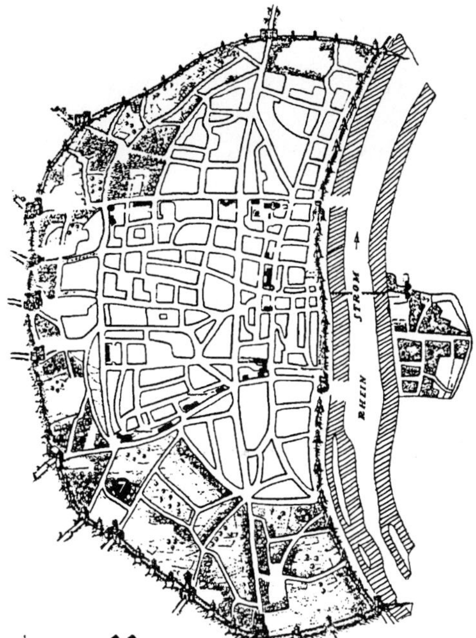

KÖLN *im 12. Jahrhundert*

Einwohner

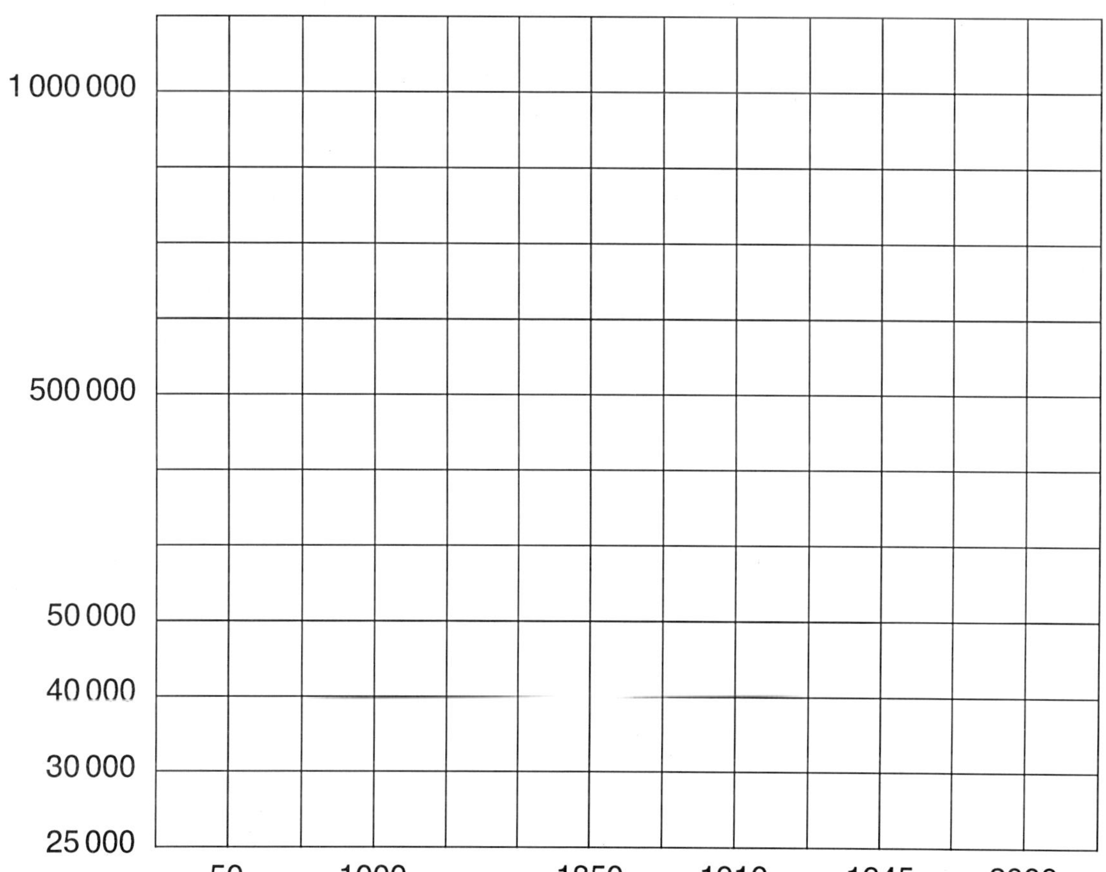

Jahre nach Chr.

Die Kaiserstadt Aachen

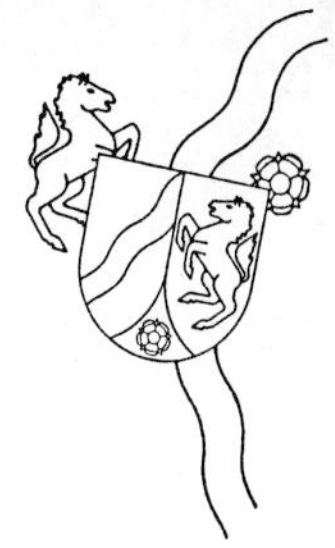

Die Stadt Aachen gehört zu den ältesten Städten in Deutschland. Sie liegt im Dreiländereck, dort wo Deutschland, Belgien und die Niederlande aneinander grenzen. Bereits in der Steinzeit gab es erste Siedlungen in der Gegend von Aachen, weil es hier heiße Quellen gibt. Die Römer bauten an den fast 70 Grad warmen Salzquellen Thermalbäder und nannten den Ort „Aquae Granni“, das heißt „Wasser des Grannus“ (Grannus war ein keltischer Wasser- und Heilgott). Daraus wurde der Name Aachen. Die Heilquellen gibt es heute noch, deshalb nennt sich Aachen „Bad Aachen“.

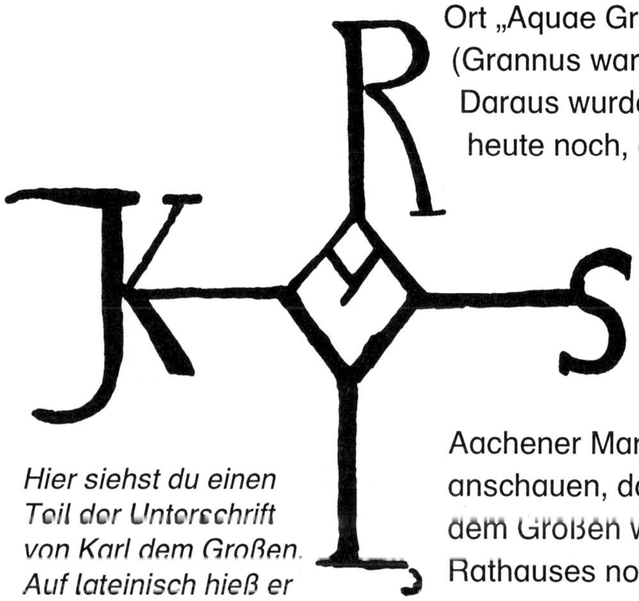

Hier siehst du einen Teil der Unterschrift von Karl dem Großen. Auf lateinisch hieß er Karolus Magnus.

Nach der Römerzeit machte der fränkische Kaiser Karl der Große Aachen zu seiner Hauptstadt. Im Aachener Dom, den er erbauen ließ, stehen sein Thron und sein Totenschrein. Auf dem Aachener Marktplatz kann man sein Denkmal anschauen, das ihn in seiner Rüstung zeigt. Nach Karl dem Großen wurden im Krönungssaal des Aachener Rathauses noch 30 deutsche Könige gekrönt.

- Entschlüssele die Bedeutung der Buchstaben.
- Entwirf ähnliche Zeichen mit deinem Namen.

„Fischpüddelchen“

Jedes Jahr treffen sich in Aachen 40 Kinder aus Deutschland, Belgien und den Niederlanden. Sie lernen dort eine Woche lang gemeinsam in einer „Euregio-Klasse“. Die Aachener Kinder zeigen ihren Gästen gerne die vielen Kinderbrunnen: „Puppenbrunnen“, „Seepferdchen“, „Hühnerdieb“, „Pusteblume“ und „Fischpüddelchen“. Jedes Jahr besuchen sie auch den „Printenbäcker von den Daele“, der die geheimen Backrezepte der berühmten Aachener Printen kennt.

- Was würdest du Kindern an deinem Wohnort zeigen?
- Suche Aachen auf der NRW-Karte. Suche die Nachbarländer.

Der Rhein

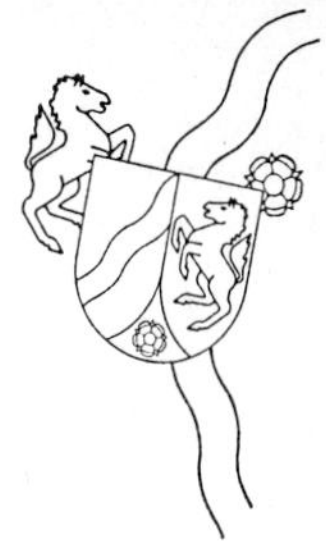

Der Rhein fließt durch viele wichtige Städte in Nordrhein-Westfalen. Er ist nicht nur der bedeutendste Fluss in unserem Bundesland, sondern sogar in ganz Deutschland. Er verbindet insgesamt sechs Länder Europas. Deutschland ist nur eines davon.

In den Rhein münden viele andere Flüsse: Aare, Wutach, Neckar, Main, Nahe, Lahn, Mosel, Ahr, Sieg, Wupper, Erft, Ruhr und Lippe.

Am Rhein liegen viele große Städte: Basel, Straßburg, Karlsruhe, Mannheim, Ludwigshafen, Mainz, Wiesbaden, Koblenz, Bonn, Köln, Düsseldorf, Duisburg, Emmerich, Rotterdam.

Der Rhein ist an der Quelle und an der Mündung geteilt. Er entspringt aus dem Vorderrhein und dem Hinterrhein. In den Niederlanden teilt sich der Rhein in die Flüsse Lek und Waal und mündet dann in die Nordsee.

In Schaffhausen gibt es eine besondere Sehenswürdigkeit am Rhein zu besichtigen.

Wenn du das Rätsel löst, erfährst du den Namen der Sehenswürdigkeit.

1. Die Seiten eines Flusses nennt man ...
2. Über den Rhein fährt man mit einer ...
3. Der Rhein mündet in die ...
4. Auf dem Rhein fahren viele ...
5. Abkürzung für unser Bundesland ...
6. Im Rhein schwimmen wieder viele ...
7. Im Rhein fließt das ...
8. Der Rhein ist ein ...
9. Boote ohne Motor haben am Mast ein ...

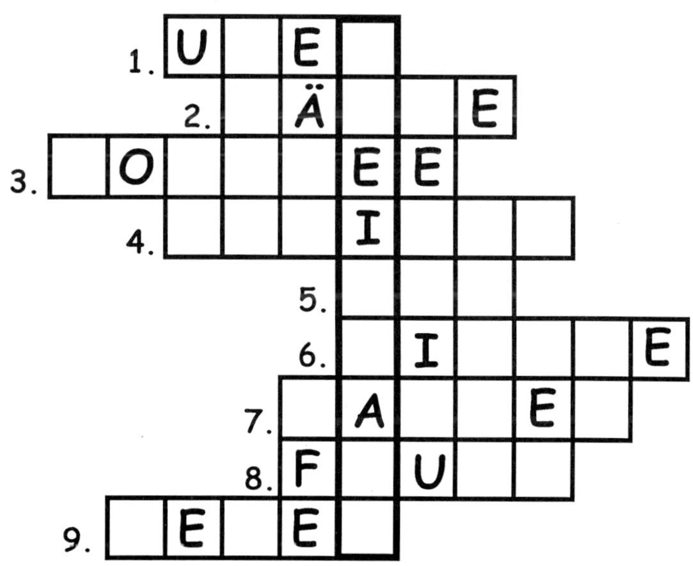

Idee Du kannst auch im Internet etwas über diese Sehenswürdigkeiten erfahren:

http://www.rheinfall.ch

Der Rhein – Karte

Schreibe in der Karte die Namen an die Nebenflüsse des Rheins.

Trage unten die Namen der Städte ein, die am Rhein liegen. Welche Städte liegen in Nordrhein-Westfalen? Markiere sie farbig.

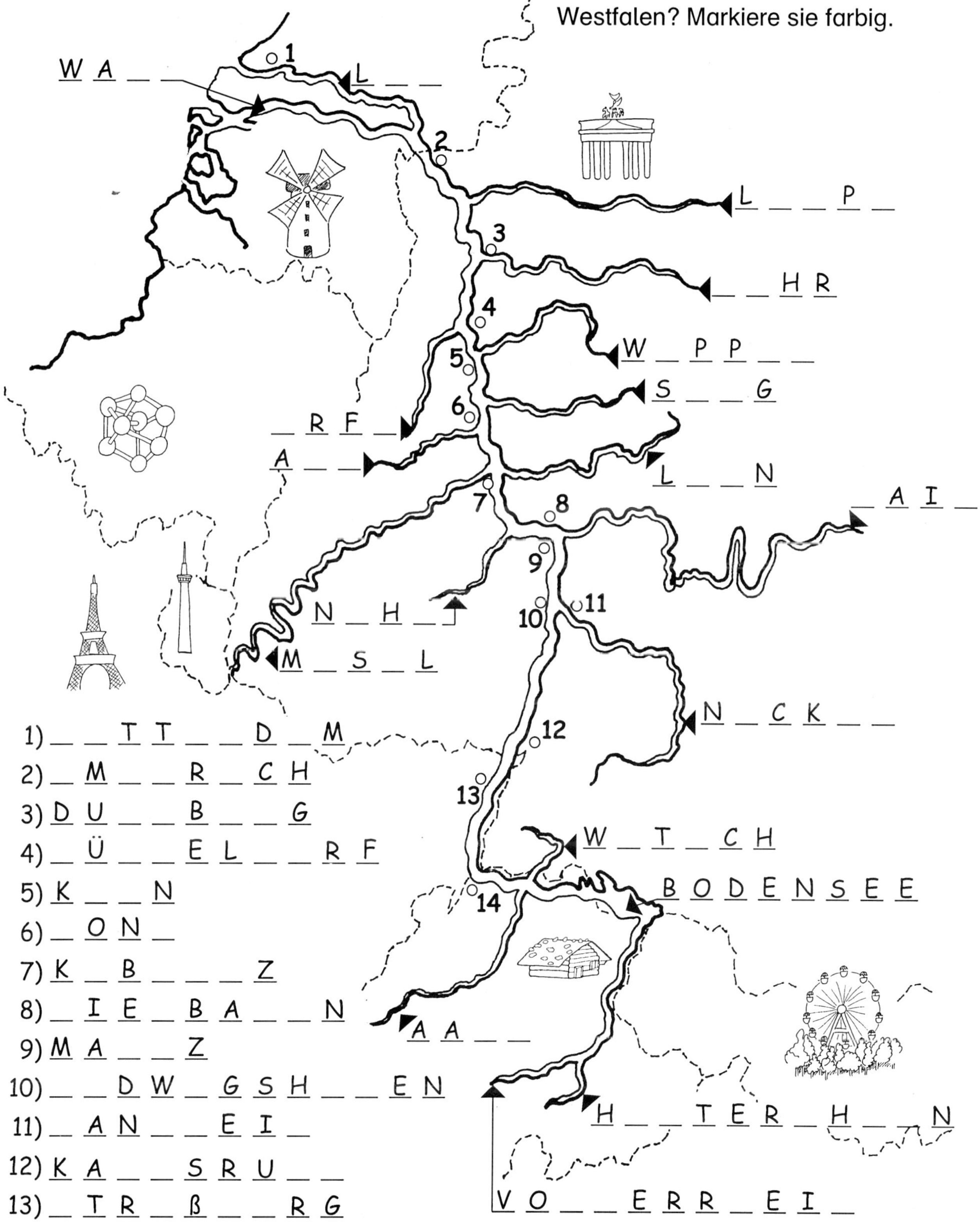

1) _ _ T T _ _ D _ M
2) _ M _ _ R _ C H
3) D U _ _ B _ _ G
4) _ Ü _ _ E L _ _ R F
5) K _ _ N
6) _ O N _
7) K _ B _ _ _ Z
8) _ I E _ B A _ _ N
9) M A _ _ Z
10) _ _ D W _ G S H _ _ E N
11) _ A N _ _ E I _
12) K A _ _ S R U _ _
13) _ T R _ ß _ _ R G
14) B _ S _ L

Die Loreley-Sage

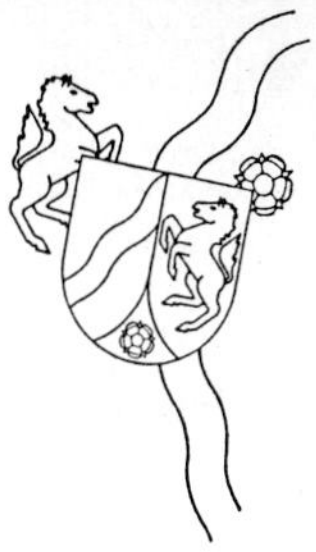

Loreley heißt ein senkrecht aufragender Felsen am Rhein. „Lure“ bedeutet „Elfe“, „lei“ bedeutet Felsen.
Der Sage nach saß ein blondes langhaariges und wunderschönes Mädchen namens Loreley abends auf dem Felsen am Rhein. Die Loreley kämmte ihr goldenes Haar und sang eine liebliche Melodie. Ihr Aussehen und der Gesang waren so bezaubernd, dass die Schiffer auf dem Rhein zur Loreley hinaufschauten und in die gefährlichen Riffe, Felsen und Untiefen des Rheins fuhren. Dabei kamen viele Schiffer ums Leben.
Der Loreley-Felsen befindet sich jedoch nicht in NRW, sondern in unserem Nachbarbundesland Rheinland-Pfalz.

Aus dieser Überlieferung hat ein ganz berühmter Düsseldorfer Schriftsteller ein sehr bekanntes Gedicht geschrieben. Heinrich Heine wurde 1797 in Düsseldorf geboren und starb 1856 in Paris.

Ich weiß nicht was soll es bedeuten

Ich weiß nicht was soll es bedeuten
Dass ich so traurig bin;
Ein Märchen aus alten Zeiten,
Das kommt mir nicht aus dem Sinn.

Die Luft ist kühl und es dunkelt,
Und ruhig fließt der Rhein;
Der Gipfel des Berges funkelt
Im Abendsonnenschein.

Die schönste Jungfrau sitzet
Dort oben wunderbar;
Ihr goldnes Geschmeide blitzet,
Sie kämmt ihr goldenes Haar.

Sie kämmt es mit goldenem Kamme
Und singt ein Lied dabei;
Das hat eine wundersame,
Gewaltige Melodei.

Den Schiffer im kleinen Schiffe
Er greift es mit wildem Weh;
Er schaut nicht die Felsenriffe,
Es schaut nur hinauf in die Höh’.

Ich glaube, die Wellen verschlingen
Am Ende Schiffer und Kahn;
Und das hat mit ihrem Singen
Die Lore-Ley getan.
(Heinrich Heine)

Lies das Gedicht von Heine und vergleiche es mit dem Sagentext oben.

Übe, das Gedicht mit Betonung zu lesen und trage es laut vor.

Erzähle die Geschichte von der Loreley mit eigenen Worten nach, schreibe deine Nacherzählung auf.

Idee Vielleicht möchtest du einen Teil oder das ganze Gedicht auswendig lernen?

Bau einer Rheinbrücke

Wie du dir denken kannst, gibt es sehr viele verschiedene Brücken, die über den Rhein führen. Es gibt Autobahnbrücken und Fußgängerbrücken, es gibt Holzbrücken, Steinbrücken, Betonbrücken und Stahlbrücken.
Du sollst nun eine „Rheinbrücke" bauen, die Autos tragen kann: Spielzeugautos.

Das brauchst du: viele Holzklötze, Papier, Spielzeugautos

So geht es: Über den „Rhein" soll eine Brücke für Autos gebaut werden. Du darfst zwei Brückenpfeiler aus je fünf Holzklötzen bauen. Die Fahrbahn soll aus Papier sein.

Wie kannst du eine Brücke bauen, die so stabil ist, dass sie möglichst viele Spielzeugautos oder Holzklötze trägt?

Prüfe nach

Wie viele Spielzeugautos oder Holzklötze trägt deine Brücke? *(Achtung: Gewichte nur zwischen den Pfeilern auflegen! Warum wohl?)*

Wer baut die stabilste Brücke? Vergleicht eure Brücken und findet heraus, welche am meisten tragen kann. Wie sieht die stabilste Brücke aus?

Stellt verschiedene Brücken aus und schätzt, wie viel Gewicht die einzelnen Brücken tragen!

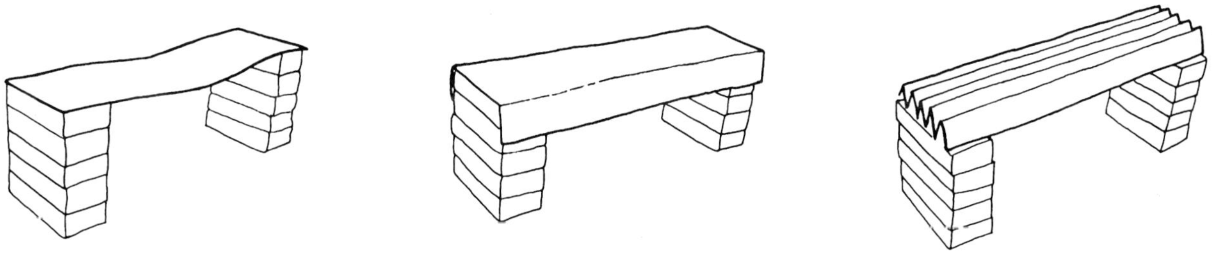

Idee

Falte und knicke das Papier, um es stabiler zu machen.
Falte das Papier so, dass es wie ein U über den Klötzen liegt.
Falte das Papier im Zick-Zack.

Die Römer am Rhein

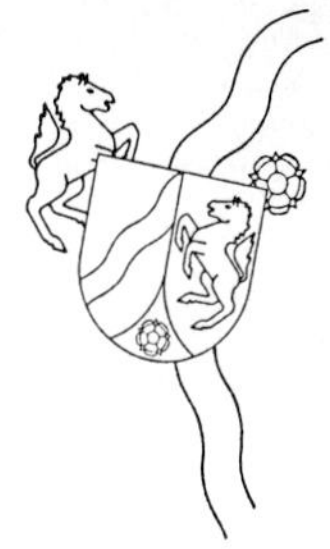

Die Römer haben in vielen Teilen von NRW ihre Spuren hinterlassen. Besonders an der großen Wasserstraße Rhein haben sie früher ihre Lager gebaut.
Die Römer hatten schon gepflasterte Straßen, Wasserleitungen, Abwasserkanäle und Heizungen.
Reiche Römer wohnten in Villen mit Bädern, Toiletten und kostbaren Mosaikfußböden.
Ein typisch römisches Kleidungsstück ist die Toga. Jungen trugen sie kniekurz, Mädchen lang. Ein Stück Stoff wurde auf den Schultern von zwei Broschen, den Fibeln, gehalten und um den Bauch gegürtet. An den Füßen trugen die Römer offene Sandalen.

Die Sprache der Römer

Die Römer verständigten sich auf Lateinisch. Heute wird diese Sprache nicht mehr gesprochen. Man sagt, Latein ist eine „tote Sprache". Dabei ist sie in vielen Ausdrücken unserer Sprache immer noch lebendig. Oft kann man den lateinischen Ursprung noch gut erkennen, wie bei den folgenden Wörtern.

das Fenster	FENESTRA
die Mauer	MURUS
die Pforte, Tür	PORTA
der Keller	CELLA
der Wein	VINUM
der Kamin	CAMINUS
der Karren	CARRUS
die Pflanze	PLANTA
die Familie	FAMILIA
das Geld (die „Moneten")	MONETAE

Bastle dir ein lateinisch-deutsches Memory-Spiel, indem du die Wörter auf Pappkärtchen schreibst. Versuche dabei die römische Schrift nachzumachen. Zeichne jeweils ein Bild zu den Begriffen.

Kleidet euch wie die Römer: Ihr benötigt Bettlaken oder andere große rechteckige Stoffstücke in hellen Farben, Sicherheitsnadeln oder Broschen, eine Kordel als Gürtel.
Helft euch gegenseitig beim Anziehen.

Findet heraus, wo die Römer in NRW ihre Spuren hinterlassen haben: **www.lateinforum.de/roemer1.htm**

Römische Zahlen

Unsere Zahlzeichen stammen aus Indien. Arabische Kaufleute haben sie im Mittelalter nach Europa gebracht. Deshalb heißen sie „arabische“ Zahlen. Vorher rechnete man bei uns mit römischen Zahlen. Römische Zahlzeichen findet man heute z.B. noch auf Zifferblättern von Uhren und an alten Gebäuden.

Die Römer hatten nur sieben Zahlzeichen:

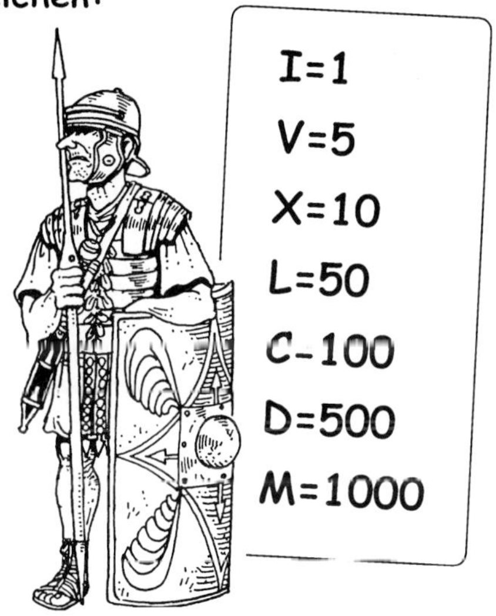

Steht eine kleine Zahl rechts neben einer größeren, wird sie dazugezählt. Steht sie links, wird sie abgezogen.
VI=6, (5+1, kleinere Zahl steht rechts)
IV=4, (5-1, kleinere Zahl steht links)

Schreibe mit arabischen Ziffern:
VI, VIII, IV, XI, IX, LX, LXXI, CLXVII, MCL

Schreibe mit römischen Ziffern:
2, 4, 5, 7, 10, 13, 15, 24

Zeichne das Zifferblatt einer Uhr mit römischen Zahlzeichen.

Die Hälfte von 12 ist 7.
Zeige, wie das sein kann.

Domino mit römischen Zahlen:

Schneide die Kärtchen an den gestrichelten Linien aus und spiele mit einem Partner Domino.

START	X	10	V	5	C
100	M	1000	L	50	D
500	I	1	XI	11	XV
15	MMM	3000	XXX	30	VII
7	MCXI	1111	Ziel		

Schaue auch auf die Internetseite
www.markaurel.de/roemischezahlen.html

Römische Spiele

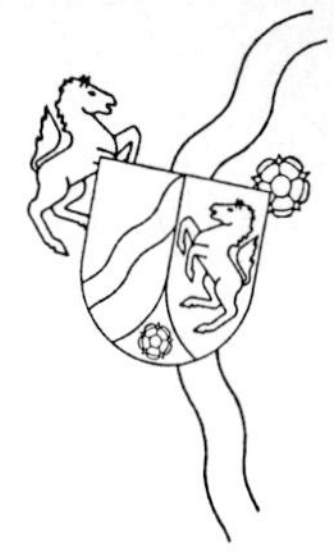

Mit einfachen Materialien haben die römischen Kinder viele verschiedene Spiele gespielt. Ihr könnt das auch ausprobieren.

Sucht euch Partner und spielt die römischen Spiele.

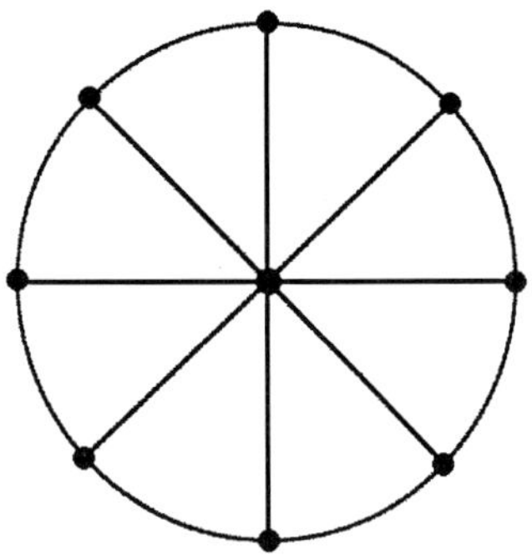

Rundmühle

Sicher kennst du das Spiel „Mühle". Bei der „Rundmühle" sind die Regeln ähnlich. Jeder Spieler hat 3 Steine. Es wird abwechselnd gesetzt, dann gezogen. Wer zuerst 3 Steine in eine Reihe legt, hat gewonnen.

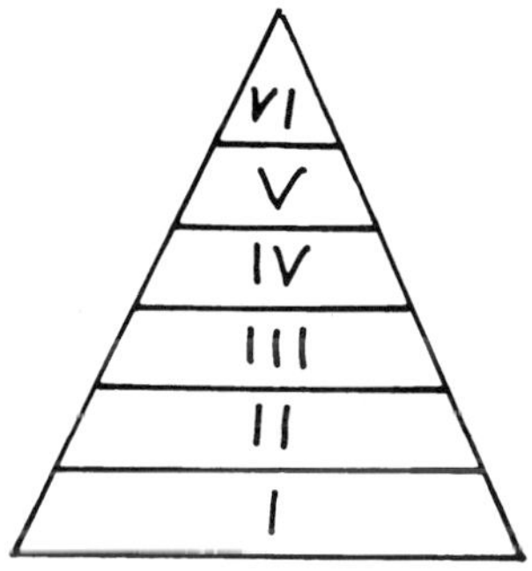

Delta-Spiel

Das Delta-Spiel kann man gut mit Farbe auf den Schulhof malen oder mit Kreppband auf den Fußboden kleben.
Ein großes Dreieck ist in Felder unterteilt, je kleiner das Feld, desto mehr Punkte gibt es, wenn man es trifft. Geworfen wird mit Nüssen von einer Startlinie in einem Meter Entfernung.

Nüsse kullern

Die Nüsse kullern ein schiefes Brett hinab (Brett an die Wand lehnen). Jedes Kind hat zehn Nüsse, abwechselnd wird gekullert. Trifft ein Spieler mit seiner Nuss eine bereits runtergekullerte Nuss, darf er sie behalten.

Nüsse werfen

Für zwei Mitspieler braucht man zwei gleiche Gefäße.
Je schmaler die Öffnung, desto schwieriger ist das Spiel.
Jeder versucht, eine vorher festgelegte Anzahl von Nüssen in sein Gefäß zu werfen. Nüsse, die daneben geworfen werden, gehören dem Gegenspieler.

Dialekte in NRW

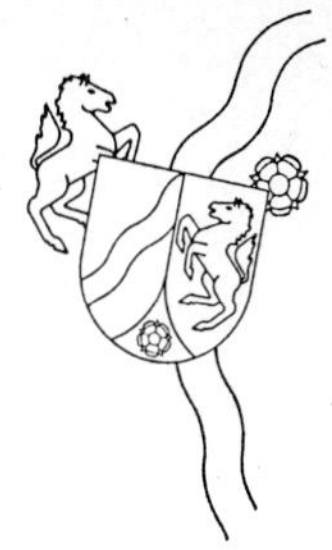

In NRW gibt es verschiedene Mundarten und Dialekte. Einige Menschen sprechen zwei „Sprachen“: Platt und Hochdeutsch. Es gibt zwei weit verbreitete, alte Dialekte: das rheinische und das westfälische Platt. Beide sind aber nur die Wurzeln für viele regional unterschiedliche Dialekte.

Hochdeutsch	westfälisches Platt
Pfeffer	Peäper
Zeit	Tid
Kirche	Keärke
das	dat
was	wat

Hochdeutsch	rheinisches Platt
machen	maken
Dorf	Dorp
ich	ik
das	dat
was	wat

Leider gibt es immer weniger Menschen, die noch Platt sprechen können.

Kennst du jemanden, der Platt sprechen kann? Dann frag ihn nach einigen Wörtern und schreibe sie mit Übersetzung ins Hochdeutsche auf. Vielleicht kannst du auch eine Kassette mit ihm aufnehmen und sie der Klasse vorspielen.

Auf der Internet-Seite **www.ernst-heien.de** findest du tolle Beispiele für den Dialekt rund um Xanten, z.B. Max und Moritz, den Struwwelpeter und Plisch und Plum.

Es gibt in ganz Deutschland natürlich noch viel mehr Dialekte. Welche kennst du?

Beispiele für Dialekte

Em selve Augebleck kom der Fuss. „Joden Daach“, saht der Fuss. „Joden Daach“, jov der kleine Prinz fründlich zor Antwoot. Hä hatt sich erömjedriht, soch ävver nix. „He ben ich“, saht die Stemm, „unger dem Appelbaum...“ „Wä bes do?“ frochte der kleine Prinz. „Do sühs jo ärch nett us...“ „Ich ben ne Fuss“, saht der Fuss. „Kumm, spill met meer“, schloch im der kleine Prinz vör. „Ich ben esu bedröv...“
(Der kleine Prinz trifft den Fuchs, aus „Dä kleine Prinz“ auf Kölsch)

Wenn so rechtig Rägenwäär,
on den Weend bloast dörr die Bläär,
bliewe brave Kinder tüss,
sej gönn dann nit üt et Hüss.
Robert äwer – kikt es hier! –
denkt sich doch: „Dat mekkt Pläsier,
mette Rägenschärm now bütte
gäge Ström sich afftefrütte!“
(„Die Geschichte van den fliegende Robert“ auf Xantener Platt, 1. Strophe)

Wenn et schüttet volle Kanne,
Wenn en Sturm macht platt ne Tanne
Bleiben Blagen, so ganz lütte
Besser brav in ihre Hütte.
Robert Rotzich denkt sich: Nee,
Bisken plästern tut nich weh.
Und mit Schirmken und ner Kapp
Dackelt er nach draußen ab.
(„Vonnen Robert Rotzich, der innen Wind schießt“ auf Ruhrgebietsdeutsch, 1. Strophe)

Versuche, die Texte laut vorzulesen.
Kannst du die Bedeutung enträtseln?

Fußball

1. Bundesliga

Platz	Mannschaft
1.	Borussia Dortmund
2.	Bayern München
3.	Schalke 04
4.	Hertha BSC Berlin
5.	1860 München
6.	Eintracht Frankfurt
7.	Hamburger SV
8.	Bayer Leverkusen
9.	VfL Bochum
10.	Hansa Rostock
11.	SC Freiburg
12.	VfL Wolfsburg
13.	Werder Bremen
14.	VfB Stuttgart
15.	1. FC Kaiserslautern
16.	1. FC Köln
17.	SpVgg Unterhaching
18.	Energie Cottbus

2. Bundesliga

Platz	Mannschaft
1.	1.FC Nürnberg
2.	1. FC Saarbrücken
3.	Hannover 96
4.	Borussia Mönchengladbach
5.	Arminia Bielefeld
6.	FC St. Pauli
7.	Alemannia Aachen
8.	Waldhof Mannheim
9.	SpVgg Greuther Fürth
10.	Rot-Weiß Oberhausen
11.	SSV Reutlingen 05
12.	FSV Mainz 05
13.	SSV Ulm 1846
14.	Chemnitzer FC
15.	Stuttgarter Kickers
16.	MSV Duisburg
17.	VfL Osnabrück
18.	LR Ahlen

Dies sind die Fußballvereine der 1. und der 2. Bundesliga im Herbst 2000. Viele berühmte Fußballvereine kommen aus Nordrhein-Westfalen, einige davon aus dem Ruhrgebiet.

Finde mit Hilfe der Karte heraus, welche Vereine aus NRW kommen. Schreibe sie auf.

Aus welchen Bundesländern kommen die anderen Vereine?

Hast du einen Lieblingsverein? Schreibe ihn auf.

Das Ruhrgebiet ist mit dem Fußball besonders eng verbunden. Viele berühmte Vereine kommen dort her. Kennst du sie?

Wanderwege in NRW

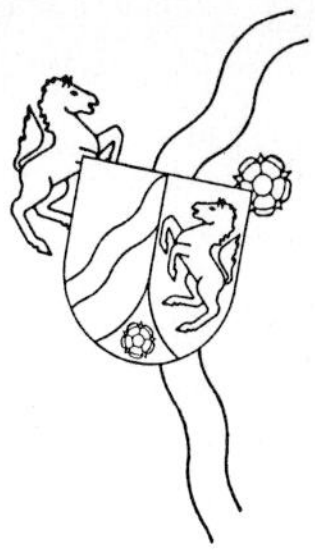

Der Waldbauernverband NRW hat ausgerechnet, dass ein Wanderer fast drei Jahre unterwegs wäre, wenn er alle Waldwege in Nordrhein-Westfalen ablaufen wollte. Alle Wanderwege in NRW zusammengenommen ergeben eine Strecke von 58 624 Kilometern.
Der Wanderer würde eine Strecke von 38 400 Kilometern durch Privatwald gehen. Zwei Drittel des Waldes in diesem Bundesland gehören privaten Waldbesitzern.

Der Wanderer hat Pflichten, wenn er sich an der Natur erfreuen möchte: Er muss auf den Wegen bleiben, um die Böden zu schonen und die jungen Bäume nicht zu zerstören.
Wenn man auf den Wanderwegen bleibt, kann man das Wild sogar besser beobachten. Wer quer durch den Wald läuft, vertreibt die Tiere. Und außerdem sagt der Waldbauernverband zu Recht: Wer auf den Wegen bleibt, findet auch immer wieder zurück!

„Wanderaufgaben"

Ein Kind wandert mit einer Geschwindigkeit von ungefähr drei Kilometern pro Stunde.

- Wie lange braucht Tobias für den neun Kilometer langen Rundwanderweg im Teutoburger Wald?
- Tom startet um 9.00 Uhr. Er wandert eine Strecke von 7,5 Kilometern. Um wieviel Uhr beendet er die Wanderung, wenn er keine Pause gemacht hat?
- Lena und Lisa wandern im Siebengebirge. Wie lange brauchen sie für die 12 Kilometer lange Strecke, wenn sie eine halbe Stunde Pause machen?
- Clara ist mit ihren Eltern zweieinhalb Stunden unterwegs. Auf ihrer Wanderung haben sie zwei Mal 15 Minuten Pause gemacht. Wie viele Kilometer sind sie gewandert?
- Luise plant ein 3-Tage-Wanderwochenende von Freitag bis Sonntag. Pro Tag möchte sie nicht länger als vier Stunden wandern. Wie viele Kilometer kann sie dann maximal wandern?
- Denke dir weitere Wanderaufgaben aus und schreibe sie auf. Übrigens: Ein Erwachsener kann vier Kilometer in der Stunde wandern.

Unterwegs in Nordrhein-Westfalen

Wenn ihr einen Ausflug oder eine Klassenfahrt in Nordrhein-Westfalen plant, solltet ihr das vorher gut vorbereiten:

Checkliste

Wohin möchtet ihr fahren?
Denkt an: Länge der Fahrtstrecke, Kosten, Sehenswürdigkeiten, Besonderheiten der Region, Freizeitmöglichkeiten, Unterkunft.
Sammelt Ziele und Argumente an der Tafel oder auf Plakaten und stimmt ab.

Sammelt Informationen über das Ziel eurer Fahrt.
Denkt an: Brief an das Fremdenverkehrsamt, die Jugendherberge und andere Stellen schreiben.
Was gibt es für Sehenswürdigkeiten/Ausflugstipps?
Was für Zimmer stehen zur Verfügung? Wie können sie aufgeteilt werden?

Welches Verkehrsmittel kommt in Frage?
Denkt an: Kostenvergleich Reisebus, öffentlicher Nahverkehr, Eisenbahn... Was würden die Hinfahrt und die Rückfahrt jeweils kosten, gibt es direkte Verbindungen?

Was wird die gesamte Klassenfahrt kosten?
Denkt an: Hinfahrt und Rückfahrt, Übernachtung und Essen, Eintrittsgelder, Taschengeld …

Wie kann man die Fahrt interessant machen?
Denkt an: Ausflüge, Besichtigungen, Wanderungen, Fest feiern, Rallye …
Stellt einen Plan für jeden Tag auf und denkt auch an Ausweichmöglichkeiten bei Regenwetter.

Wie könnt ihr hinterher über eure Klassenfahrt berichten?
Verteilt vorher Aufgaben:
Denkt an: Fotos schießen, Notizen machen, Interviews führen …

Du hast jetzt schon viel über NRW erfahren. Was wäre dein Lieblings-Reiseziel für einen Ausflug oder eine Klassenfahrt? Schreibe auf und begründe.

Unterwegs in NRW — Aufgaben

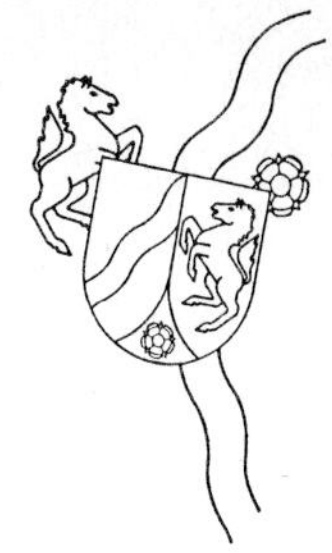

Die Klassen 4a (14 Mädchen, 16 Jungen) und 4b (12 Mädchen, 20 Jungen) wollen gemeinsam eine Klassenfahrt machen.
Die beiden Klassenlehrer und eine Lehramtsanwärterin kommen mit.
Sie starten am Montagmorgen und sind zum Mittagessen in der Jugendherberge.
Am Mittwoch fahren sie vor dem Abendessen wieder nach Hause.

Preise:

Übernachtung mit Frühstück:	10,50 €
Mittagessen	4,80 €
Abendessen	3,20 €

Rechne aus, wie viel jedes Kind für Unterkunft und Verpflegung bezahlen muss.

	Mo.	Di.	Mi.
Übern. + Frühstück			
Mittagessen			
Abendessen			

Die Kinder fahren mit dem Bus. Hinfahrt und Rückfahrt kosten für jedes Kind 16,80 €.
Für Eintrittsgelder und eine Schifffahrt gibt jedes Kind 11,25 € aus. Wie viel Euro muss jedes Kind bezahlen?

Reservierung vom 3. bis 5. Juni:

sechs Sechserzimmer,
zwei Fünferzimmer, vier Viererzimmer
und zwei Doppelzimmer für die Betreuer

Wie viele Betten stehen für die Kinder zur Verfügung?

	Sechser-zimmer	Fünfer-zimmer	Vierer-zimmer
Anzahl d. Zimmer			
Anzahl d. Betten			

Wie viele Mädchen und wie viele Jungen fahren mit?

Reicht die Anzahl der Betten aus, wenn die Mädchen drei Vierer- und drei Sechserzimmer bekommen? Welche Zimmer bekommen dann die Jungen?

Wie könnten die Betten auch verteilt werden?

Die Mädchen möchten alle in Sechserzimmern schlafen. Kannst du die Betten richtig aufteilen?

Das Münsterland

Das Münsterland ist eine flache Landschaft, mit Wiesen und Feldern, Hecken und Bäumen. Es gibt viele Feldwege und Waldwege, auf denen man sehr gut Rad fahren kann.
Auf Radwanderungen, den „Pättkestouren“ (Pättkes sind Wege oder Pfade), entdecken viele Menschen die Schönheiten des Münsterlandes, vor allem auch die zahlreichen Wasserburgen und Wasserschlösser, die von breiten Gräften (Wassergräben) umgeben sind.

Münsterländer Bauernhöfe

Im ganzen Münsterland gibt es große Bauernhöfe, meist von Hecken umgeben. Sie wurden als Fachwerkhäuser gebaut. Die „Gefache“ zwischen den Eichenbalken waren oft nicht weiß verputzt, sondern mit roten Steinen ausgemauert. Typisch für den alten Münsterländischen Hof ist die Spitze des Vordergiebels am Haupthaus. Sie wurde mit zwei Pferdeköpfen verziert. An einem der Giebelhölzer steht, wer den Hof erbaut hat und wann er fertig geworden ist.

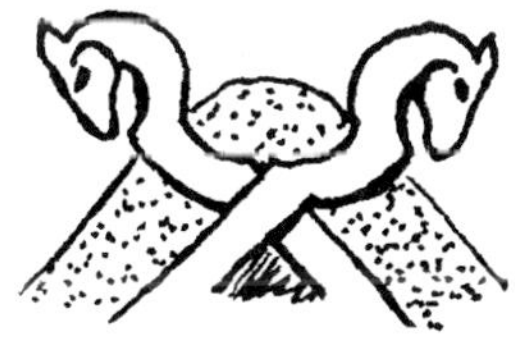

Früher lebten Menschen und Tiere unter einem Dach. Auch im Wohnbereich hörte und roch man die Tiere, außerdem mischte sich der Geruch von Heu und Korn mit den Küchendünsten.

Auf der Internetseite ***www.bauernhof.net/spiel_und_spass/Faltkuh/Faltkuh.pdf*** *findest du eine Bastelanleitung für eine Falt-Kuh.*

Heute gibt es kaum noch Bauern, die Ackerbau und Viehwirtschaft gleichzeitig betreiben. Die Bauern haben sich spezialisiert. Neben dem Getreideanbau, dem Gemüseanbau und der Tiermast findet man im Münsterland sehr viele Bauern, die Milchwirtschaft betreiben. Sie halten nur Milchkühe und produzieren Milch und Milchprodukte.

Idee Sammelt Etiketten von Milchprodukten und prüft nach, ob sie aus dem Münsterland kommen.

Kiepenkerl

Alle Kinder im Münsterland kennen den „Kiepenkerl“, im Karneval verkleiden sich viele Kinder so. „Kiepe“ heißt ein offener Korb, den man wie einen Rucksack auf den Rücken setzen kann. Früher gab es viele Kiepenkerle. Sie zogen von Hof zu Hof, verkauften ihre Waren aus der „Kiepe“ und brachten vor allem auch immer neue Nachrichten mit.

Bauernregeln

Diese Bauernregeln sind schon sehr alt.

Was beobachteten die Bauern früher?

Was meinten sie mit den Sprüchen?

Wie finden die Bauern heute heraus, wie das Wetter wohl werden wird?

Die Neujahrsnacht ist still und klar	dann wird das Vieh im Frühling grasen.
Wenn im Juli die Bienen noch bauen	ist das Jahr gesegnet.
Es donnert in den März hinein	sei vor´m Winter gar nicht bange.
Im Juni muss der Bauer beten	wird der Winter kalt und graus´.
Ist der April richtig schön	tut der Saat das wohl, nicht weh.
Gibt's im Oktober viel Laub	das deutet auf ein gutes Jahr.
Gibt es im November Schnee	wirbelt zur Weihnacht nur Staub.
Bleiben jetzt die Schwalben lange	da wird das Korn recht gut gedeih´n.
Wenn´s im Mai viel regnet	kann der Bauer nach Holz ausschauen.
Der Februar soll stürmen, blasen	sonst wird der Hagel ´s Feld zertreten.
Im August die Lerchen singen	kann im Mai der Schnee noch weh´n.
Regnet es an Nikolaus	wird der Winter nicht viel bringen.

Setze die Bauernregeln richtig zusammen.
Sortiere sie nach den Monaten und klebe sie auf ein Blatt.

Finde weitere Wetterregeln und schreibe sie dazu.
Vielleicht gibt es einige spezielle Regeln für die Gegend, in der du wohnst?

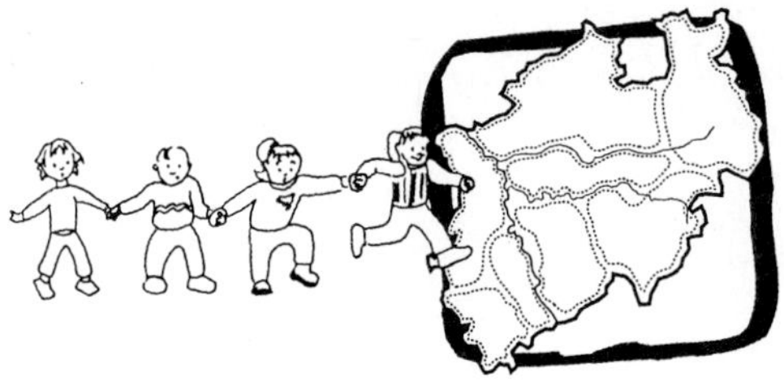

Ostwestfalen

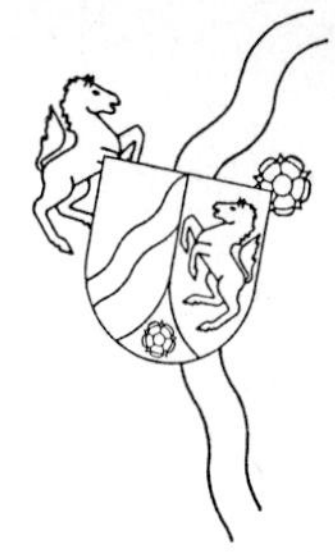

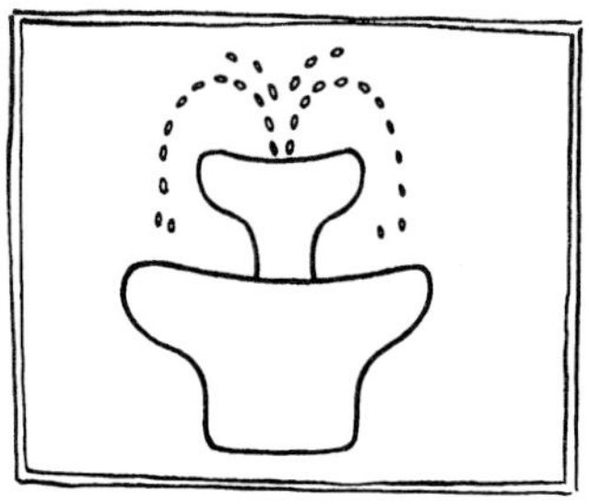

Ostwestfalen ist eine Mittelgebirgslandschaft. Bergketten wie der Teutoburger Wald, das Eggegebirge und das Weserbergland sind hier zu finden. Die Höhenzüge in Ostwestfalen sind bewaldet, deshalb gibt es dort viele Möbelfabriken.

Kurorte

Es gibt viele Heilbäder in Ostwestfalen. Die Ortsnamen beginnen alle mit dem Wort „Bad“: Bad Lippspringe, Bad Oeynhausen, Bad Salzuflen. In diesen Kurorten können Krankheiten geheilt oder gelindert werden. Dies geschieht vor allem durch salzhaltige Quellen: Das Wasser wird getrunken, für Bäder verwendet oder in der Luft zerstäubt. Es hilft besonders Menschen mit Atembeschwerden. Allein in Bad Salzuflen übernachten in einem Jahr etwa eine Millionen Gäste.

Suche in Karten Ortsnamen in NRW, die mit „Bad“ beginnen.

Wasserkreuz Minden

Bei Minden gibt es eine Kreuzung für Schiffe. Dort führt der Mittellandkanal als Brücke über die Weser. Die Schiffe können sogar die Wasserstraßen wechseln. Dazu werden Schleusen eingesetzt.

Werkstätten Bethel

Im Jahre 1867 kauften einige Christen aus der Stadt Bielefeld einen alten Bauernhof. Sie nahmen dort epilepsiekranke Kinder auf. Später übernahm Pfarrer Friedrich von Bodelschwingh die Leitung und vergrößerte die Einrichtung für behinderte und kranke Menschen. Er nannte die Anlage „Bethel“, das heißt: Haus Gottes. Bethel ist heute ein Stadtteil von Bielefeld.

In 28 Werkstätten arbeiten geistig behinderte und nicht behinderte Menschen zusammen. Sie lösen Briefmarken ab, sortieren, verpacken und verkaufen sie. Das Geld aus dem Verkauf wird dazu verwendet, behinderten Menschen in Afrika zu helfen.

Bethel

Idee

Die Mitarbeiter der Werkstätten in Bethel können immer Briefmarken gebrauchen. Sammelt in der Klasse Briefe mit Briefmarken drauf und schickt sie nach Bethel. **Aber Achtung: Briefmarken nicht ablösen!**

Briefmarkenstelle Bethel
Quellenhofweg 25
33617 Bielefeld

Die Schlacht im Teutoburger Wald

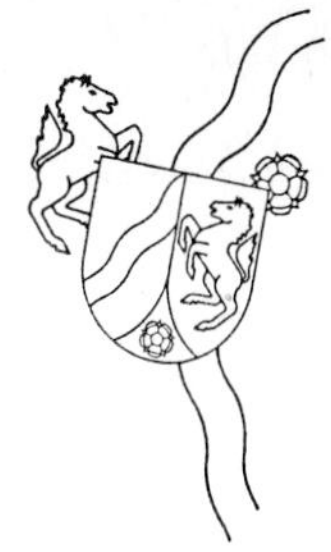

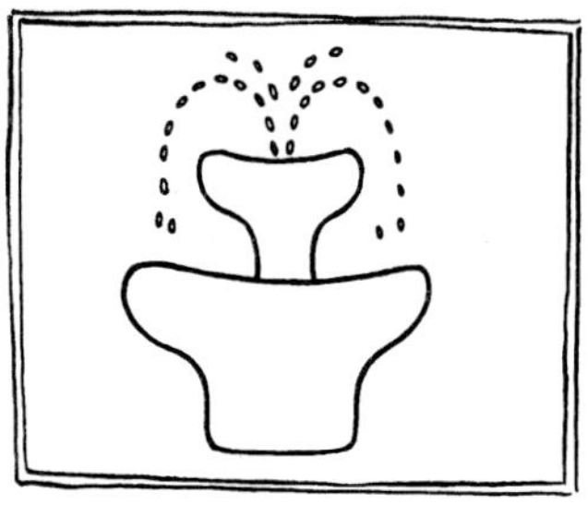

In Ostwestfalen liegt der Teutoburger Wald. Hier gibt es große, abenteuerlich geformte Felsen, die Externsteine. Sie sind ein beliebtes Reiseziel für Wanderer und Ausflügler.

Nicht weit entfernt steht das Hermannsdenkmal. Es erinnert an eine berühmte Schlacht, die sich im Jahre 9 nach Christus ereignet haben soll. Damals waren große Teile des damaligen Germaniens von den Römern besetzt.
Das bedeutet, dass die römischen Legionen dort einmarschiert sind und die Germanenstämme besiegt haben. Der Cheruskerfürst Hermann, oder lateinisch Arminius, jedoch leistete Widerstand gegen die Römer. Als die römischen Truppen unter dem Feldherrn Varus in die Gegend des Teutoburger Waldes kamen, lockte Hermann sie in einen Hinterhalt. Er konnte mit seinen germanischen Kriegern die etwa 30 000 Römer besiegen. Für die Römer war diese Niederlage eine große Schande; aus lauter Schmach beging der Feldherr Varus Selbstmord. Hermann aber wurde als Held und Befreier der Germanen gefeiert.
Jahrhunderte nach der Schlacht, im Jahre 1875, wurde zu Ehren von Hermann ein Denkmal im Teutoburger Wald errichtet. Das Hermannsdenkmal ist ein Wahrzeichen für das befreite Germanien.

Stelle dir vor, du wärst damals, vor fast 2000 Jahren, bei der Schlacht gegen die Römer dabei gewesen. Was könnte da alles passiert sein? Was könnte sich während, vor oder nach der Schlacht ereignet haben? Schreibe eine spannende, lustige oder traurige Geschichte aus der Zeit der Römer und Germanen auf.

Das Sauerland

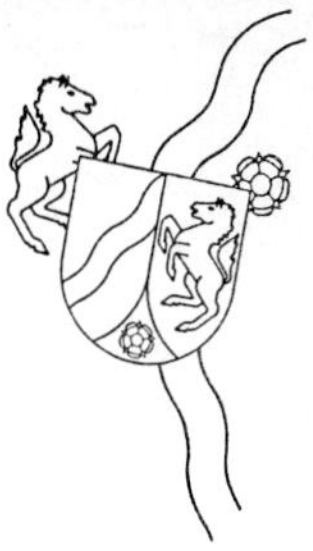

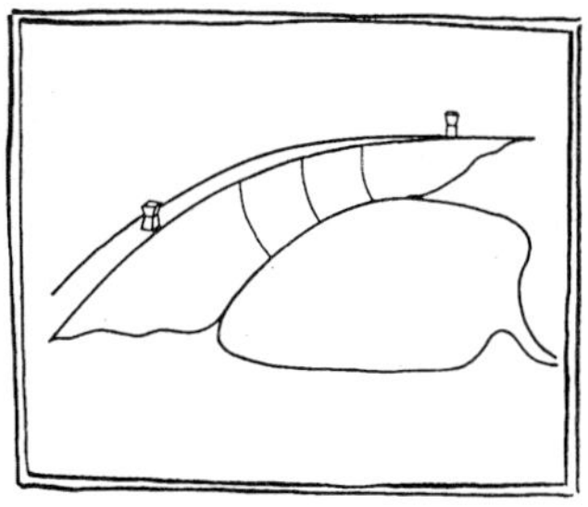

Die höchsten Berge von Nordrhein-Westfalen gibt es im Sauerland und im weiter südlichen Siegerland. Diese Gegend nennt man auch „das Land der tausend Berge". Im Sauerland gibt es den „Kahlen Asten". Lange Zeit dachte man, dies sei der höchste Berg in NRW. Heute weiß man aber, dass der Langenberg bei Willingen mit 843 m genau zwei Meter höher ist. Auf dem Kahlen Asten ist eine bekannte Wetterstation. Hier werden immer die niedrigsten Temperaturen und die höchsten Niederschläge (Regen und Schnee) in NRW gemessen.

Wälder

Große Teile der Berge des Sauerlandes sind mit Bäumen bedeckt. Früher waren es Mischwälder mit Eichen, Buchen und verschiedenen Nadelbäumen. Nachdem weite Teile der Wälder kahl geschlagen wurden, hat man vor allem Fichten gepflanzt. Fichten können schon nach etwa 70 Jahren gefällt werden, Buchen dagegen erst nach etwa 150 Jahren. Eichen müssen sogar noch länger wachsen. Das Baumholz wird für den Bau von Häusern und Möbeln gebraucht. Holzabfälle werden zu Spänen gemahlen und zu Spanplatten gepresst oder bei der Papierherstellung verwendet. Vielleicht hast du auch schon einen Baum aus dem Sauerland ganz aus der Nähe bewundert: 15 Millionen Nadelbäume werden dort im Jahr gefällt und als Weihnachtsbäume verkauft. Fast jeder dritte Weihnachtsbaum ist im Sauerland gewachsen.

Die Wälder liefern uns nicht nur Holz, sie produzieren auch Sauerstoff, den wir zum Atmen brauchen. Deshalb nennt man das Sauerland auch „die grüne Lunge des Ruhrgebiets". Aber auch im Sauerland gibt es kranke Bäume und Waldsterben.

Stelle selber Papier her. Die Anleitung findest du auf dem Arbeitsblatt „Umweltpapier herstellen".

Umweltschutzpapier herstellen

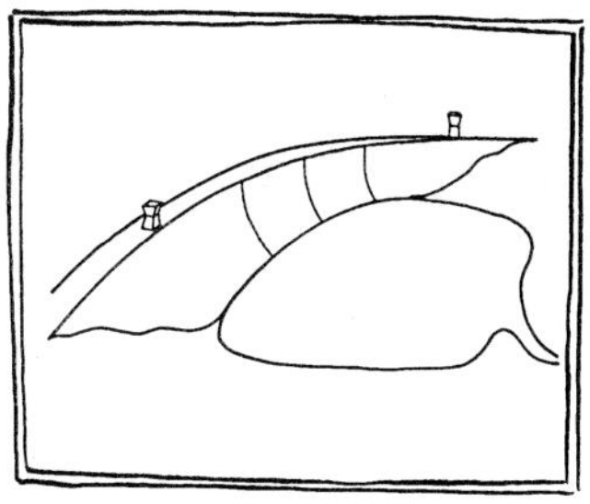

Für die Papierherstellung wird sehr viel Holz benötigt. Du kannst aber auch Umweltschutzpapier aus Altpapier herstellen. Dafür müssen keine Bäume gefällt werden.

Das brauchst du:
alte Zeitungen, Wasser, Kochlöffel, Schüssel, Wanne, Rahmen mit Fliegendraht (als Sieb), Rahmen ohne Draht, Stoffstücke aus Baumwolle (alte Handtücher, Bettlaken, oder Stoffwindeln), Handmixer, Brett, schwerer Stein

So geht es:

1. Reiße das Altpapier in möglichst kleine Schnipsel. Lege sie in die Wanne mit Wasser. Dort müssen sie sich einen Tag lang vollsaugen.

2. Zerkleinere das Papier mit dem Mixer, bis ein grauer Brei entsteht. Gieße den Papierbrei in die Wanne und rühre ihn kräftig um.

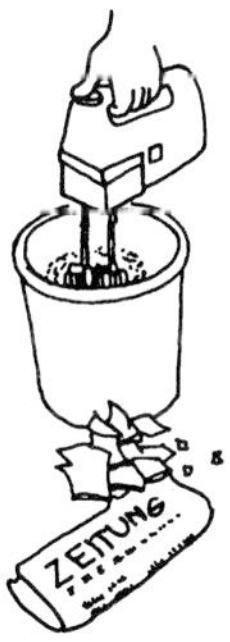

3. Lege den leeren Rahmen auf das Sieb und tauche beides in den Brei. Hebe das Sieb vorsichtig aus der Wanne heraus und lasse das Wasser gut abtropfen.

4. Entferne den leeren Rahmen und lege ein Stück Stoff auf den Papierbrei. Drücke das Wasser heraus. Lege das Sieb mit dem Stoff und dem Papierbrei auf einen Stapel mit Zeitungen.

5. Hebe das Sieb vorsichtig an. Ziehe den Stoff und den Papierbrei vom Sieb ab und achte darauf, dass sie genau auf dem Stapel liegen.

6. Wenn etwa 20 Papierbögen und Stoffstücke auf dem Stapel liegen, kannst du das Wasser herauspressen. Lege dazu ein Brett und einen schweren Stein auf den Stapel.

7. Nach etwa zwei Stunden kannst du die Papierbögen vorsichtig lösen. Breite sie aus und lasse sie noch einen Tag lang trocknen.

Idee

Wenn du Farbpulver mit in den Brei mischst (z.B. Pflanzenfarben aus dem Bastelgeschäft), bekommt dein Papier etwas Farbe. Aus Zeitungsschnipseln mit viel Druckerschwärze kannst du nur sehr graues Papier machen.

Talsperren im Sauerland

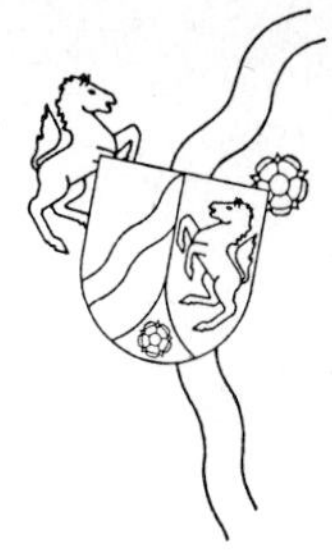

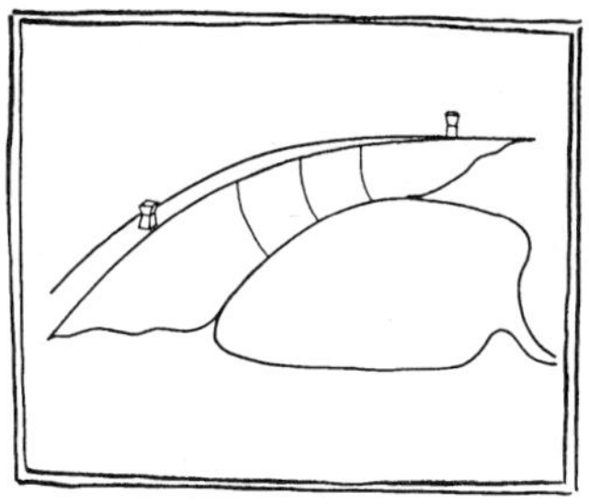

Im Sauerland gibt es viel Niederschlag und viele Quellen. Weil das Wasser für die Menschen sehr wichtig ist, hat man im Sauerland Talsperren gebaut. In den Stauseen wird ein Wasservorrat für trockene Zeiten angelegt. Die Talsperren im Sauerland nennt man auch den „Wasserturm des Ruhrgebietes“.
Den meisten Talsperren ist ein Elektrizitätswerk angeschlossen, das die Kraft des abfließenden Wassers zur Energiegewinnung nutzt. Die beiden größten Talsperren sind die Biggetalsperre und die Möhnetalsperre.

- Überlege, für wofür Wasser benötigt wird. Sammle Stichworte und schreibe sie auf.

- Erstelle eine Liste: Welches Essen kann man mit, welches völlig ohne Wasser zubereiten?

Wie viel Wasser verbrauchst du?

- Miss mit Messbechern, wie viel Wasser in einer halben Minute aus dem Wasserhahn fließt.

- Wie viele Minuten lang brauchst du beim Händewaschen fließendes Wasser? Wie viel Wasser hast du dann verbraucht?

- Wie oft wäschst du dir an einem Tag die Hände? Wie viel Wasser verbrauchst du dafür am Tag (in einer Woche, in einem Monat, im Jahr?)

Der durchschnittliche Wasserverbrauch einer Person liegt an einem Tag bei etwa 150 Litern.

- Wie viel Wasser verbraucht dann eine Familie mit 3 Personen am Tag, in einer Woche, in einem Monat, in einem Jahr?

- Im Jahr 1900 verbrauchte ein ganzer Haushalt nur etwa 30 Liter Wasser am Tag. 1950 lag der durchschnittliche Verbrauch einer Person bei 85 Litern. Kannst du das erklären?

- Stelle dir vor, für einen Tag gäbe es kein Wasser. Was würde passieren? Schreibe eine kurze Geschichte.

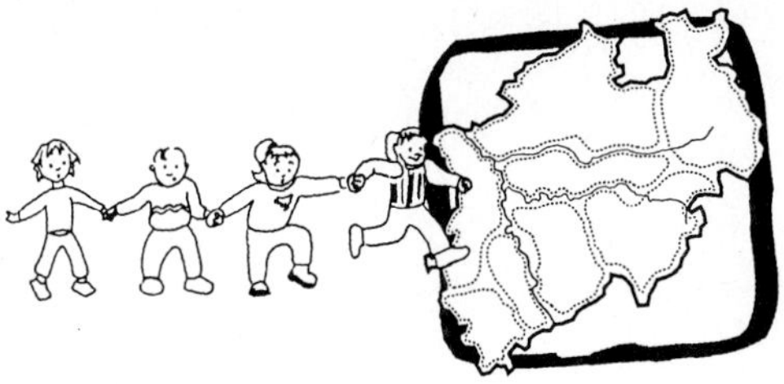

Das Ruhrgebiet

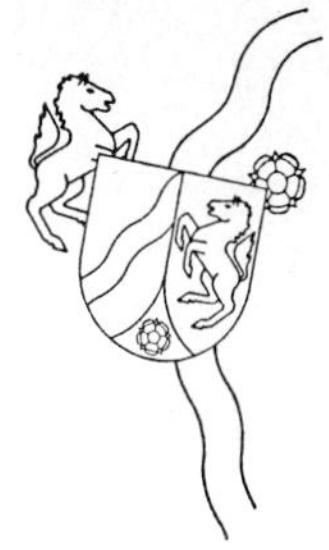

Das Ruhrgebiet ist der größte europäische Wirtschaftsraum. Es liegt zwischen den beiden Flüssen Ruhr und Lippe. Mehr als fünf Millionen Menschen leben in diesem Ballungsraum. Riesige Städte mit viel Industrie greifen ineinander über. Die größte Stadt ist Essen (600 000 Einwohner), die zweitgrößte Dortmund (580 000 Einwohner).
Trotz der vielen Einwohner besteht im Ruhrgebiet mehr als die Hälfte der Fläche aus Weiden und Wäldern.

Im Ruhrgebiet wurde früher Steinkohle abgebaut. Ein Teil der Steinkohle lag an der Oberfläche und konnte eingesammelt werden (Tagebau). Dann begann man, die Steinkohle auszugraben. Immer tiefere Schächte und Stollen mussten in den Berg gegraben werden (Untertagebau). Der technische Fortschritt machte es möglich, Kohle aus immer tieferen Schichten zu holen. Bei der Eisenherstellung und in der Stahlindustrie wurde sehr viel Kohle benötigt.
Man brauchte große Hitze, um Metalle zu schmelzen. Die Zahl der Bergwerke nahm rasch zu. Viele Menschen aus der näheren und der weiteren Umgebung, sogar auch aus anderen Ländern zogen ins Ruhrgebiet. Vor 200 Jahren wurden aus ehemals kleinen Dörfern an der Ruhr große Industriestädte. Heute leben über 600 000 ausländische Mitbürger im Ruhrgebiet.

Strukturwandel im Ruhrgebiet

In den sechziger Jahren wurde die deutsche Steinkohle von Erdöl, Erdgas und preiswerter Kohle aus dem Ausland vom Markt verdrängt. Die Förderung der Steinkohle ging zurück. Die Zechen wurden geschlossen, die Menschen verloren ihre Arbeit im Bergwerk.
Deshalb haben viele Menschen umgeschult und einen neuen Beruf erlernt.

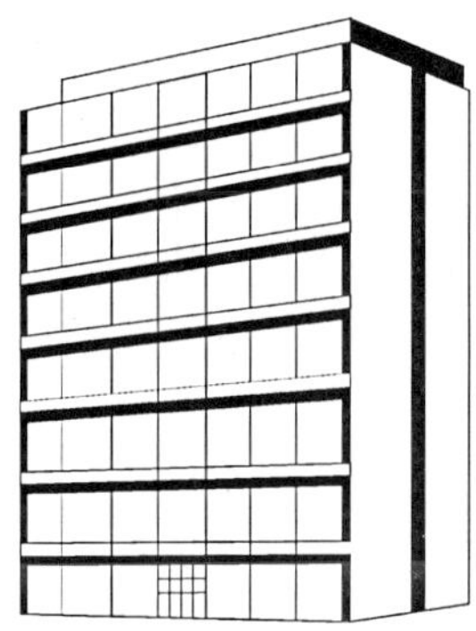

Neben dem Bergbau gibt es heute im Ruhrgebiet Fahrzeugbau, Elektrotechnik, Maschinen- und Anlagenbau und chemische Industrie. Neben den Industriebetrieben entstehen immer mehr Bürohäuser. Zum modernen Ruhrgebiet gehören 13 Hochschulen und Universitäten. Es wird viel geforscht, neue Technik wird entwickelt. Die Zeit der großen Arbeitslosigkeit ist vorbei, mehr als zwei Millionen Menschen haben im Ruhrgebiet ihren Arbeitsplatz.

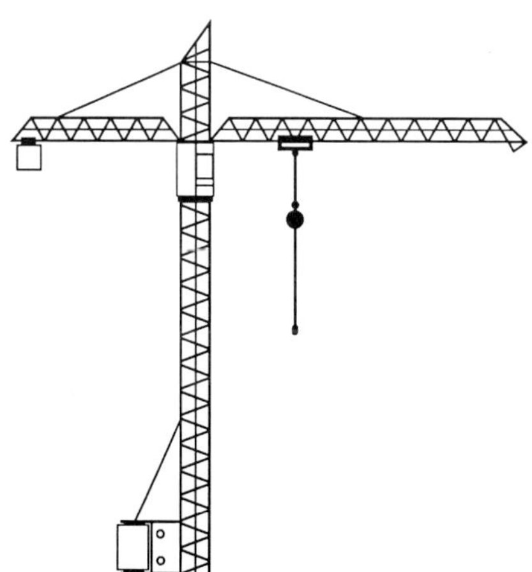

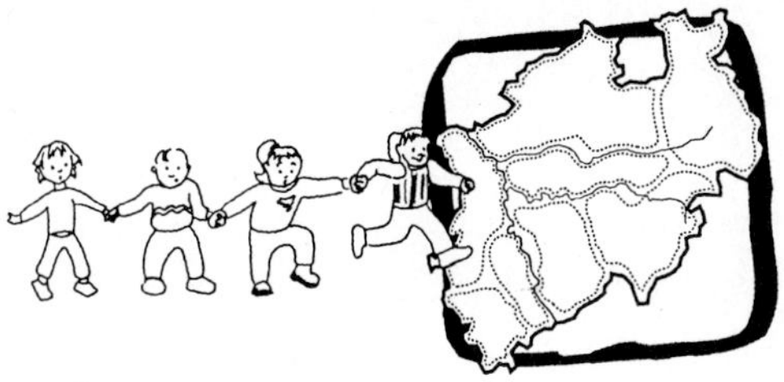

Zechen früher und heute

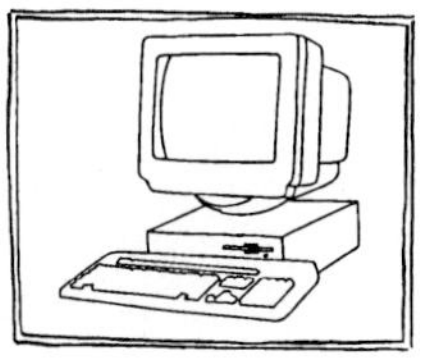

Stelle dir vor, eine weitere Zeche wird geschlossen. Was könnte mit dem Gelände und den Hallen passieren? Schreibe deine Ideen für die Nutzung einer alten Zeche auf und male ein Bild dazu.

früher	heute
Zeche Zollern II/IV, Dortmund	
Die Schachtanlage wurde zwischen 1898 und 1904 errichtet. Dort wurde lange Kohle gefördert.	Seit 1981 gehört die Zeche zum Westfälischen Industriemuseum.
Hüttenwerk Duisburg-Meiderich	
Bis 1985 wurde hier Eisen von Schlacke getrennt. In 82 Jahren sind 57 Mio Tonnen Roheisen produziert worden. Ende der 80er-Jahre drohte der Abriss.	Auf dem Gelände ist der Landschaftspark Duisburg-Nord entstanden. Die Maschinenhalle wurde Konzertsaal, der Gasometer ein Tauchsportzentrum.
Gasometer Oberhausen	
Dieser 117 m hohe Behälter diente lange Jahre zur Sammlung von Gas aus den Kokereien.	Seit 1994 ist der riesige Stahlturm ein Platz für Ausstellungen, Konzerte und Theateraufführungen.
Zinkfabrik Altenberg, Oberhausen	
130 Jahre lang wurde hier Zink zu Blechen und anderen Zinkprodukten verarbeitet.	Heute ist die Fabrik ein Museum der Schwerindustrie. Die Räume werden für Feiern vermietet.
Zeche Maximilian, Hamm	
1914 musste die Zeche Maximilian aufgegeben werden, weil es zu viel Wasser unter Tage gab. 60 Jahre lang wurde das Zechengelände nicht genutzt.	1981 gestaltete im Rahmen der Landesgartenschau ein Künstler einen riesigen Elefanten aus Glas. Hier finden unterschiedliche Veranstaltungen statt.
Zeche Zollverein, Essen	
1932 wurde die Zeche Zollverein fertig gebaut. Pro Tag wurden 12000 Tonnen Kohle gefördert, 1986 wurde die Zeche stillgelegt.	Heute ist Zollverein ein Ort für unterschiedliche Kunstausstellungen und Kulturveranstaltungen. Es gibt dort auch ein Restaurant.

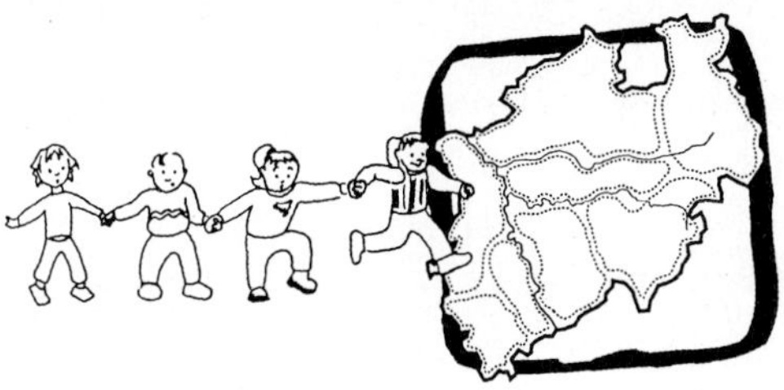

Entstehung der Steinkohle

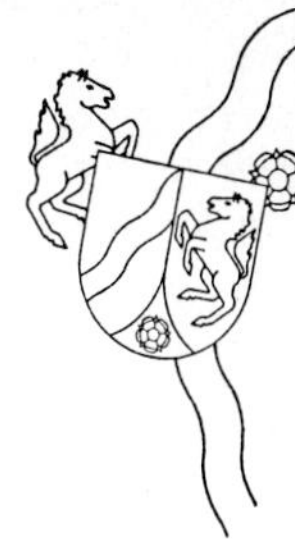

Vor 200 bis 300 Millionen Jahren, lange bevor es Menschen gab, entstand die Kohle. Das Ruhrgebiet war ein riesiger Sumpf. Pflanzen wie Farn und Schachtelhalm waren damals viel größer als heute und bedeckten die ganze Gegend. Abgestorbene Pflanzen versanken im Schlamm der Moore und wurden dadurch luftdicht abgeschlossen. So konnten sie nicht verfaulen, sondern sie „vertorften". Im Laufe vieler Jahre entstand eine mächtige Torfschicht. Sie wurde immer wieder von Flüssen und Meeren überflutet, die Sand und Geröll mitbrachten. Dieses Gewicht presste den Torf mit starkem Druck zusammen. Hinzu kam die große Hitze in der Tiefe der Erde: So entstand zunächst die Braunkohle und nach weiteren Jahrtausenden die Steinkohle.
Manchmal findet man noch Abdrücke der Urzeit-Pflanzen in Steinen. Sie werden Versteinerungen oder „Fossilien" genannt.

Gefälschte „Fossilien" herstellen

Stelle selber aus Blättern oder Pflanzenteilen „Versteinerungen" her, die aussehen wie echt.

Das brauchst du: Modelliermasse (z.B. Gips), Teile von Pflanzen (Blätter von Farnen, Stücke von Schachtelhalmen, platte Rindenstücke ...), eine Unterlage oder flache Schale aus Kunststoff oder Pappe (z.B. Pommesschale oder Einwegteller)

So geht es:

1. Bereite die Modelliermasse oder den Gips wie auf der Verpackung angegeben vor.
2. Forme die Modelliermasse zu einem flachen Kuchen / fülle den Gips in die Schale.
3. Lege die Pflanzenteile darauf.
4. Drücke die Pflanzenteile ganz fest in die Masse, sodass ein Abdruck entsteht.
5. Nimm die Pflanzenteile wieder ab und lasse den Abdruck gut trocknen.
6. Male den Abdruck mit grauer, schwarzer oder brauner Wasserfarbe so an, dass es aussieht wie ein echtes Fossil.

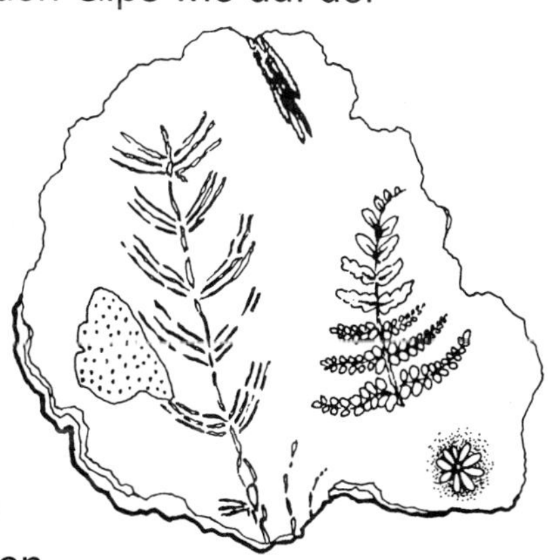

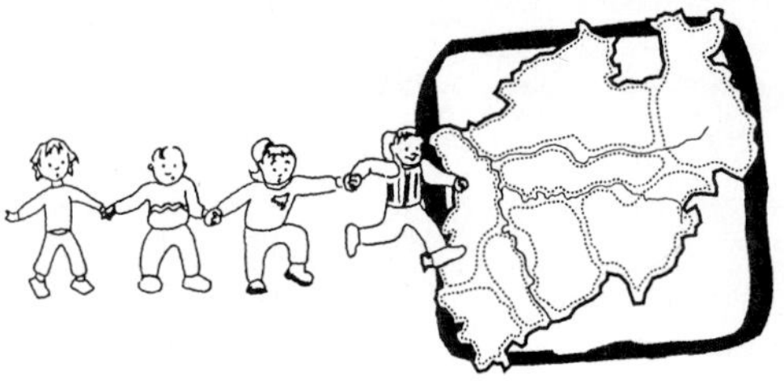

Das Bergische Land

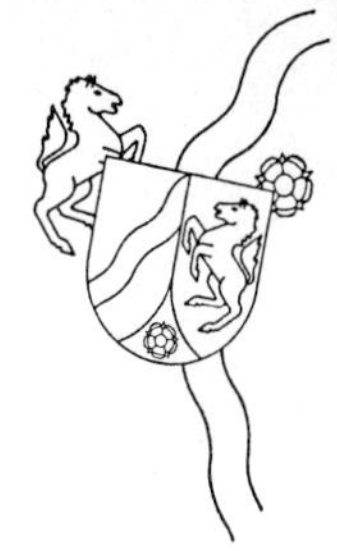

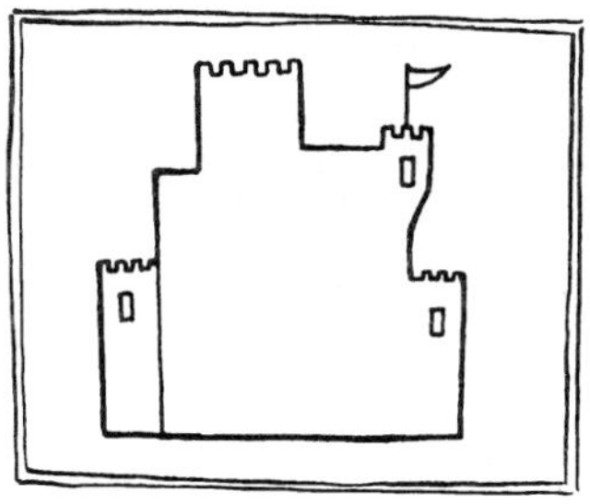

Hättest du das gedacht? Der Name „Bergisches Land“ hat gar nichts mit der Landschaft zu tun. Die Gegend heißt nach den „Grafen von Berg“. Sie bauten zuerst die „alte Burg Berge“. Daraus wurde das heutige Kloster Altenberg. Der Altenberger Dom in der Nähe von Leverkusen hat das größte Fenster aller deutschen Kirchen: Es ist acht Meter breit und 18 Meter hoch! Im 12. Jahrhundert erbauten die Grafen von Berg dann die „neue Burg Berge“, das heutige Schloss Burg an der Wupper.

Etwa ein Drittel des Bergischen Landes ist mit Wald bedeckt. Viele Flüsse und Bäche haben enge, tiefe Täler ins Land geschnitten. Alle Wasserläufe fließen zum Rhein. Es gibt etwa 20 Stauseen. Mit der Wasserkraft wurden früher Hammerwerke angetrieben. Dort wurde Eisen zu Schlössern, Beschlägen, Werkzeugen, Messern und Scheren verarbeitet. Bis heute ist das Bergische Land berühmt für diese Metallerzeugnisse. Die Stadt Solingen ist seit 500 Jahren die „Stadt der Klingen“. Früher wurden in Solingen Schwerter und Rüstungen geschmiedet. Heute werden dort Messer, Klingen und Scheren produziert.

Der bekannteste Fluss im Bergischen Land ist die Wupper.
Sie fließt auch durch die Stadt Wuppertal. Weil die Straßen im Tal der Wupper so eng sind, gibt es dort seit 1901 ein auf der ganzen Welt einzigartiges Verkehrsmittel: die Schwebebahn.

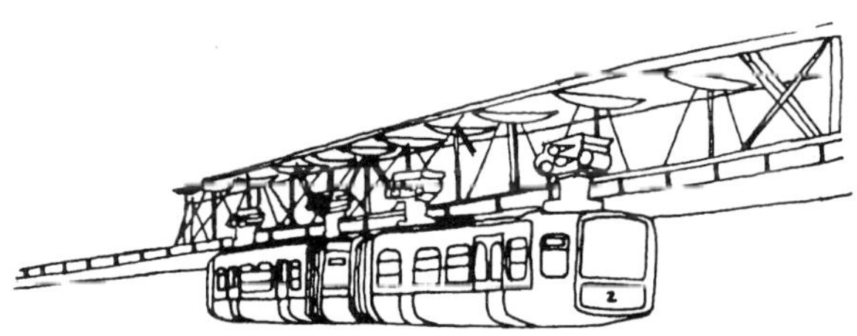

Zur Erschließung des Bergischen Landes wurden technische Meisterleistungen vollbracht. Ein Beispiel dafür ist die Müngstener Eisenbahnbrücke. Sie überspannt nicht weit von Schloss Burg das Tal der Wupper. Von 1894–1897 wurde sie ganz aus Eisen gebaut und ist mit 107 Metern die höchste Eisenbahnbrücke in ganz Deutschland.

Idee Wenn du Lust hast, kannst du dir einen Wasserhammer bauen, wie es ihn in Hammerwerken gibt.
Eine Bastelanleitung dafür findest du auf dem Arbeitsblatt „Wasserhammer“.

Wasserhammer

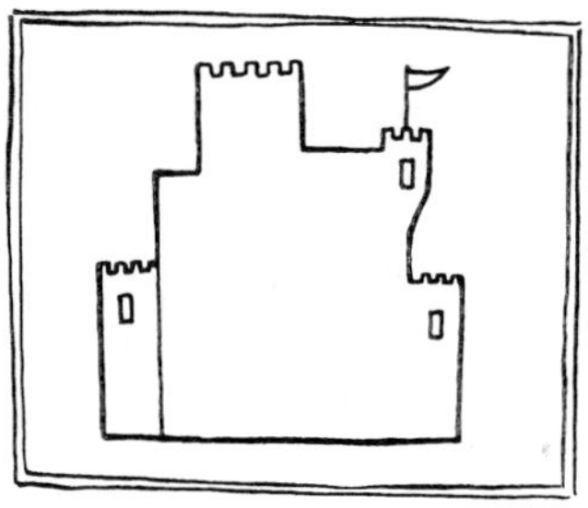

An der Wupper und an ihren Nebenflüssen standen früher viele Hammerwerke, die von Wasserkraft angetrieben wurden. Vor etwa 700 Jahren kamen die Menschen auf die Idee, die Kraft des Wassers mit Hilfe von Wasserrädern zu nutzen. Die rotierende Achse konnte nicht nur Mühlsteine drehen, sondern über mehrere Nocken auch einen Hammerstiel anheben und anschließend freigeben, sodass der Hammer durch sein Eigengewicht auf den Amboss knallte. Immer wieder fiel er auf das glühende Eisen aus dem Bergischen Land und erleichterte so dem Schmied seine mühsame Arbeit. In einem Schleifkotten trieb das Wasser einen Schleifstein anstelle des Hammers an. Wenn es noch erhaltene Reste von Wasserhämmern oder Schleifkotten gibt, stehen sie heute unter Denkmalschutz.

Baut euch in der Klasse einen eigenen Wasserhammer.

Das braucht ihr:

Eine sehr feste Papprolle (zum Beispiel Faxpapierrolle), ein Rundholz, eine Säge, zwei lange kopflose oder vier normale Nägel, ein schmales Brett, einen Bauklotz, durchlöcherte Ziegelsteine (keine massiven!), ein Stechwerkzeug und stabile wasserfeste Pappe.

So geht es:

Zersägt zuerst das Rundholz in zwei Teile; das sind die beiden Achsen. Ihr solltet die beiden Achsen so zusägen, dass die Enden genügend Halt in den Löchern (Lagerung) der Ziegelsteine finden. Die Achse des Hammerstiels muss sich allerdings noch ein wenig in ihrer Lagerung bewegen können. Die feste Papprolle wird an einem Ende im Viertelabstand eingeschlitzt; dort sollen die Schaufeln des Wasserrades aus wasserfester Pappe eingesteckt werden. Am anderen Ende der Rolle könnt ihr mit dem Stechwerkzeug die Position der Nocken (Nägel) vorstechen. Ganz wichtig ist es dabei, dass ein Nagel durch beide Wände der Rolle gestochen werden und ordentlich stramm sitzen muss. Aus dem schmalen Brett baut ihr den Hammerstiel. Die Achse und der Bauklotz müssen wie in der Zeichnung fest mit dem Brett verbunden werden. Klebt sie am besten mit Holzkleber aneinander. Die genaue Justierung (Ausrichtung) der Achsen entscheidet nun über den Erfolg. Achtet darauf, dass ihr das Wasserrad nicht auf der falschen Seite antreibt!

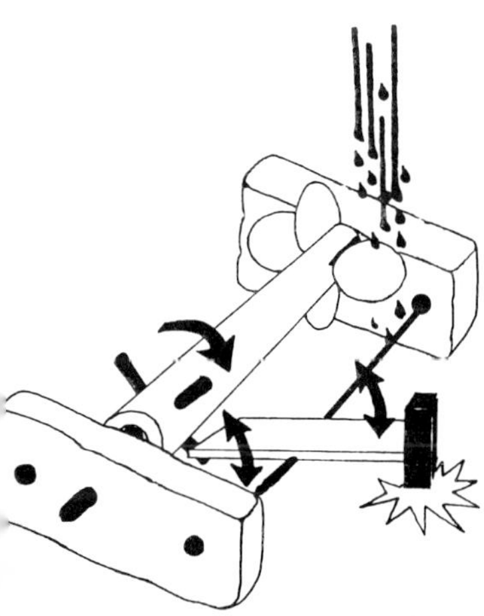

Die Kölner Bucht

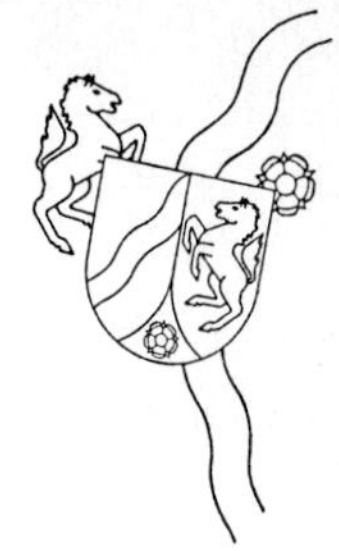

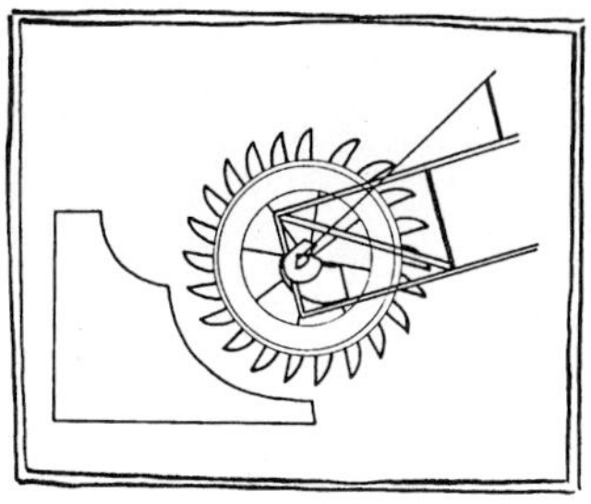

Die Kölner Bucht nennt man das fruchtbare Tiefland zwischen dem Bergischen Land und der Eifel. Von hier aus werden schon seit langer Zeit die Städte am Rhein mit Nahrungsmitteln versorgt.
In der Kölner Bucht liegt ein kleiner Höhenzug, der die Ville oder das Vorgebirge genannt wird. Dort wird auf dem fruchtbaren Boden viel Obst und Gemüse angebaut. Die Gemüsebetriebe können bis zu drei Ernten im Jahr erwirtschaften. Ein Teil der Ernte wird in Konservenfabriken weiterverarbeitet.
Außerdem werden in der Ville sehr viele Zuckerrüben angebaut. Aus diesen Zuckerrüben wird ein großer Teil des Zuckers gewonnen, der in Deutschland gebraucht wird.

Von der Zuckerrübe zum Zucker

1. *Waschen und Schnitzeln:* Der Schmutz wird von den Rüben entfernt. Sie werden in 3 mm starke Schnitzel zerkleinert.

2. *Saftgewinnung:* Durch Herauslösen mit heißem Wasser wird der Zucker aus den Schnitzeln entzogen. Rohsaft mit 12% – 14% Zucker entsteht.

3. *Saftreinigung:* Nichtzuckerstoffe werden entfernt, es entsteht Dünnsaft.

4. *Eindampfen:* Der gesäuberte Dünnsaft wird durch Verdampfen in Dicksaft umgewandelt. Er enthält 55% – 65% Zucker.

5. *Kristallisation:* Der Dicksaft wird in Zentrifugen geschleudert. Sirup und Rohzucker (brauner Zucker) trennen sich.

6. *Reinigung:* Durch Dampfbehandlung wird der Rohzucker von Siruprestern befreit. Der weiße Zucker (Raffinade) entsteht.

Stelle selber Zucker her

Das brauchst du:
Zuckerrübe, Messer, Küchenreibe, zwei Kochtöpfe, Sieb oder Leinentuch, Rührlöffel, Schälchen

So geht es:
Schäle die Zuckerrübe, zerkleinere sie und rasple die Stücke auf der Küchenreibe. Fülle den Topf mit Wasser auf und lasse die Schnitzel eine Stunde auf dem Herd darin kochen. Lasse den Brei gut abkühlen und gieße den Saft durch ein Sieb in einen anderen Topf. Besser: Presse ihn durch ein Leintuch. Probiere den Saft, wie schmeckt er? Erhitze den Rohsaft. Lasse ihn unter ständigem Rühren sieden (gerade nicht kochen), bis er dickflüssig wird. Gib einige Tropfen von dem eingedickten Saft in ein kleines Schälchen. Warte einige Tage ab und beobachte, was passiert.

Der Braunkohleabbau

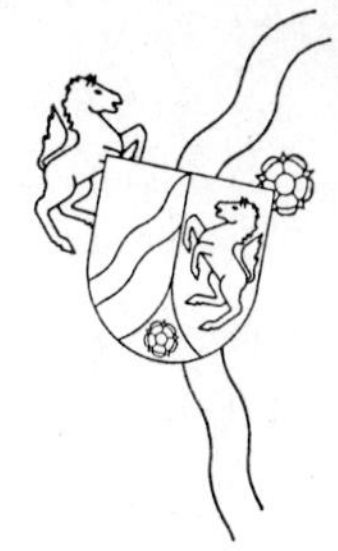

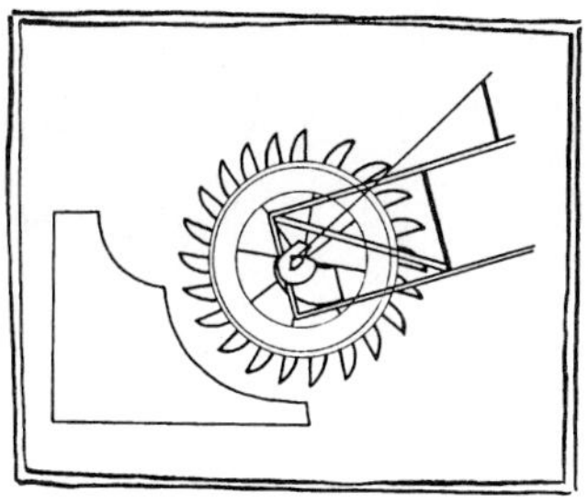

Braunkohle ist in vielen Millionen Jahren aus abgestorbenen Bäumen der Urzeit entstanden. Sie liegt in 200 m bis 400 m Tiefe und wird im Tagebau abgebaut. Das bedeutet, dass mit einem Braunkohlebagger riesige Löcher in die Landschaft gegraben werden. Die Löcher werden nach dem „Auskohlen“ wieder mit Sand, Kies oder Ton gefüllt und die Landschaft neu gestaltet. Das nennt man Rekultivierung.

Der Braunkohlebagger ist bis zu 100 m hoch und 220 m lang. Sein Schaufelrad hat einen Durchmesser von mehr als 20 Metern. Alleine das Schaufelrad ist höher als ein Wohnhaus mit sieben Etagen. So ein riesiger Braunkohlebagger wird von nur fünf Menschen bedient.

Messt und schätzt, wie breit und wie hoch ungefähr euer Schulgebäude ist.

Fertigt eine maßstabsgetreue Skizze an (100 m in Wirklichkeit sind 5 cm im Rechenheft). Zeichnet Bagger und Schulgebäude nebeneinander.

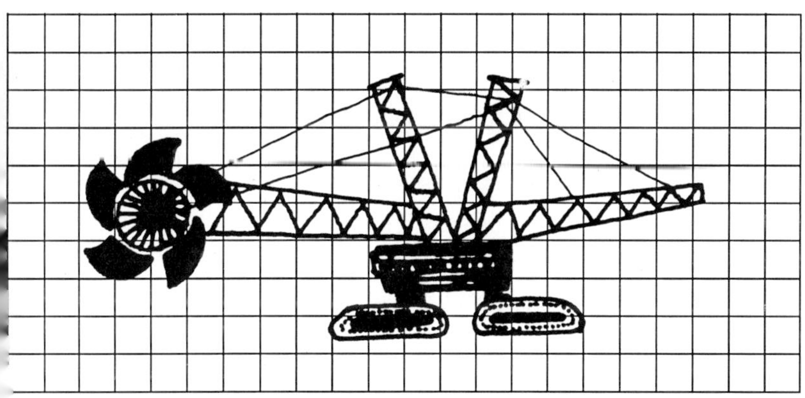

Wo Braunkohle abgebaut wird, verändert sich alles. Ganze Dörfer werden zerstört. Die Menschen bekommen in der Nähe neue Bauernhöfe, Häuser oder Wohnungen. Das nennt man Umsiedlung. Doch nicht jeder möchte umgesiedelt werden. Manchmal können nicht alle Leute aus einem alten Dorf in einem neuen Dorf zusammen wohnen. Andere Menschen möchten ihre Häuser und Höfe, die schon lange in Familienbesitz sind, nicht verlassen. Andere freuen sich wiederum, dass das neue Haus größer und schöner ist als das alte.

Überlege dir Argumente für und gegen den Braunkohleabbau, die Umsiedlung und die Rekultivierung. Schreibe sie auf. Diskutiere mit einem Partner. Einigt euch vorher, wer dafür und wer dagegen argumentiert.

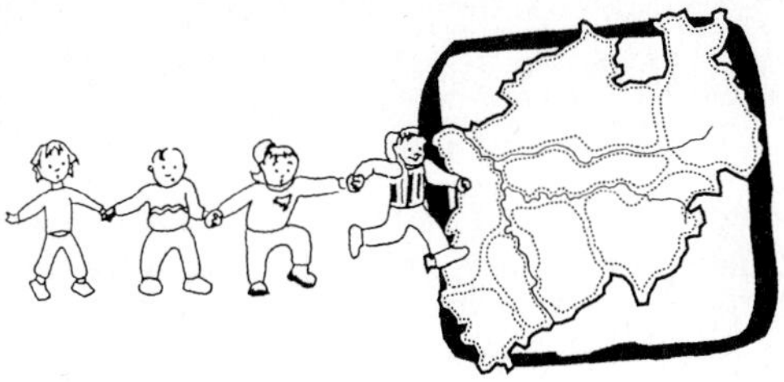

Die Eifel

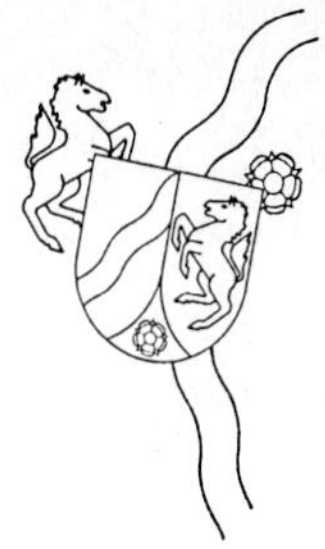

Südlich von Aachen liegt die Eifel. Die Eifel ist ein Mittelgebirge. Die höchsten Berge sind über 700 m hoch.
Nur ein Teil der Eifel gehört zu Nordrhein-Westfalen, der andere Teil gehört schon zu unserem Nachbarbundesland Rheinland-Pfalz. Dort liegt auch die berühmte Autorennstrecke „Nürburgring“.
Die Bergzüge der Eifel reichen in die Nachbarstaaten Luxemburg und Belgien hinein.
In der Eifel gibt es nur kleine Städte und Dörfer. Früher arbeiteten die Eifelbewohner fast alle in der Landwirtschaft und der Forstwirtschaft. Heute fahren viele in die großen Städte am Rande der Eifel, weil sie dort Arbeit gefunden haben. Andere leben vom Fremdenverkehr, denn die Eifel ist ein beliebtes Ziel für Touristen.
Einige Flüsse der Eifel werden für die Trinkwasserversorgung gestaut. Die größte nordrhein-westfälische Talsperre ist die Rurtalsperre. (Achtung, nicht die Rur und die Ruhr verwechseln!)

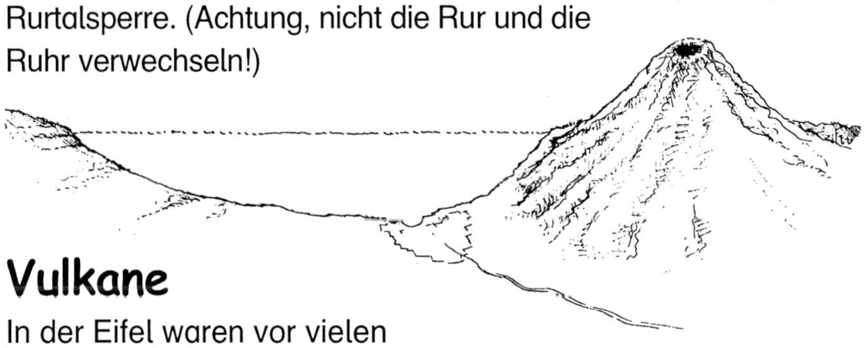

Vulkane

In der Eifel waren vor vielen tausend Jahren Vulkane tätig.
Heute sind die Vulkane nicht mehr aktiv, aber man kann noch die Ränder der Krater erkennen. Einige Krater sind voll Wasser gelaufen, so sind Seen entstanden, die man „Maare“ nennt.

Von welchen berühmten Vulkanen auf der ganzen Welt hast du schon gehört? Informiere dich im Lexikon oder im Internet (z.B. unter **www.vulkane.net**).

Du kannst dir selber einen Vulkan bauen.

Das brauchst du: Knete, Backpulver, Essig, rote Lebensmittelfarbe, einen abwaschbaren Untersatz (Teller, Plastikset)

So geht es: Forme aus Knete einen Vulkan und stelle ihn auf den Untersatz. In die Krateröffnung schüttest du etwas Backpulver. Jetzt träufle ein wenig Essig oben hinein. Und schon brodelt dein Vulkan. Noch echter sieht es aus, wenn du den Essig mit roter Lebensmittelfarbe färbst.

Mineralwasser aus der Eifel

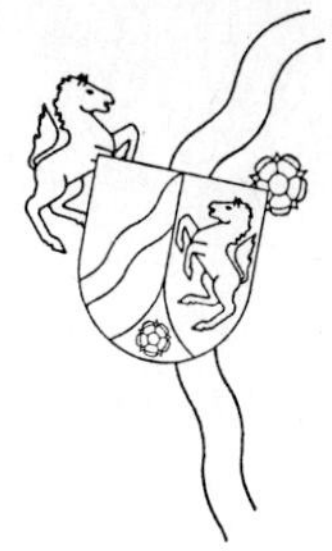

Mineralwasser ist ein Schatz der Natur. In der Eifel entsteht es an vielen Stellen: Regenwasser sickert durch Vulkangestein, dabei wird es mit Kohlensäure angereichert. Dann fließt das Wasser durch Kalkgestein. Weil es Kohlensäure enthält, kann es dort Mineralien lösen. Diese geben dem Wasser seinen Geschmack. Manche Mineralien haben eine heilende Wirkung. Das Mineralwasser wird aus einer Tiefe von 120–180 Metern durch Brunnen gewonnen.

In der Abfüllanlage

Viele Abfüllbetriebe arbeiten vollautomatisch. Leere Mehrwegflaschen werden auf ein Förderband gestellt, dabei werden falsche Flaschen gleich aussortiert. Die Haltbarkeit der Flaschen wird geprüft, dann werden sie gereinigt. Danach werden sie mit Mineralwasser gefüllt, verschlossen und mit Etiketten beklebt. Die Flaschen kommen in Wasserkästen. Schließlich werden die Kästen übereinander gestapelt.
Jetzt sind sie fertig zum Transport.
Ein moderner Betrieb füllt pro Stunde 160 000 Flaschen.

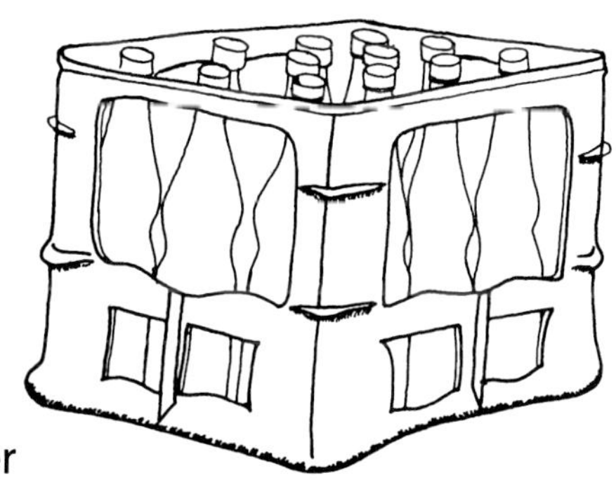

1. Wie viele Wasserflaschen passen in einen normalen Wasserkasten?

2. Wie viele Wasserkästen werden in einer Stunde in der Abfüllanlage mit Flaschen gefüllt? (Geteiltaufgabe)

3. Miss nach, wie hoch ein Wasserkasten ist.

4. Wie hoch wäre ein Turm aus Wasserkästen mit der Produktion einer einzigen Stunde?

Rechne zuerst in Zentimetern.

Teile dein Ergebnis durch 100, dann weißt du, wie viele Meter der Turm hoch ist.

Teile das letzte Ergebnis durch 1000 und du weißt, wie viel Kilometer es sind.

Der Niederrhein

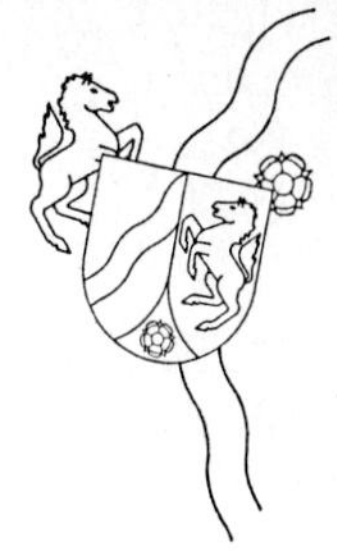

Bei Bonn verlässt der Rhein das Mittelgebirge. Er fließt nun sehr breit durch ein flaches Tiefland zum Meer. Diesen letzten Flussabschnitt nennt man Niederrhein. Die Landschaft am Niederrhein heißt auch „weites Land am Strom“. Sie wurde vom Rhein geformt, doch Menschen haben sie nach ihren Bedürfnissen verändert und gestaltet. Rechts und links des Flusses findet man fruchtbare Äcker und Weiden. An den Ufern haben sich zahlreiche Städte entwickelt.

Am Niederrhein wird schon seit langer Zeit Landwirtschaft betrieben, früher vor allem Viehwirtschaft und Weidewirtschaft. Auch heute sieht man viele typische schwarz-weiße Rinder. Wie im Nachbarland Holland auch werden verschiedene Gemüsearten und Blumensorten in großen Gewächshäusern unter Glas angebaut. Im Freiland wachsen Salate, Zwiebeln, Lauch und fast alle Kohlarten: Weißkohl, Rotkohl, Wirsing, Blumenkohl.

Im Frühsommer fahren viele Menschen aus dem Ruhrgebiet an den Niederrhein, um dort Spargel frisch vom Feld zu kaufen. Blumen und Gemüse werden auch vor allem im Ruhrgebiet verkauft. Zuerst bringen die Landwirte ihre Produkte nach Straelen in eine große Versteigerungshalle.
Großhändler ersteigern schon früh morgens kistenweise die Ware. Sie verkaufen sie dann weiter an Geschäfte oder auf dem Wochenmarkt. Da der Weg vom Erzeuger so kurz ist, sind die Waren immer noch sehr frisch.

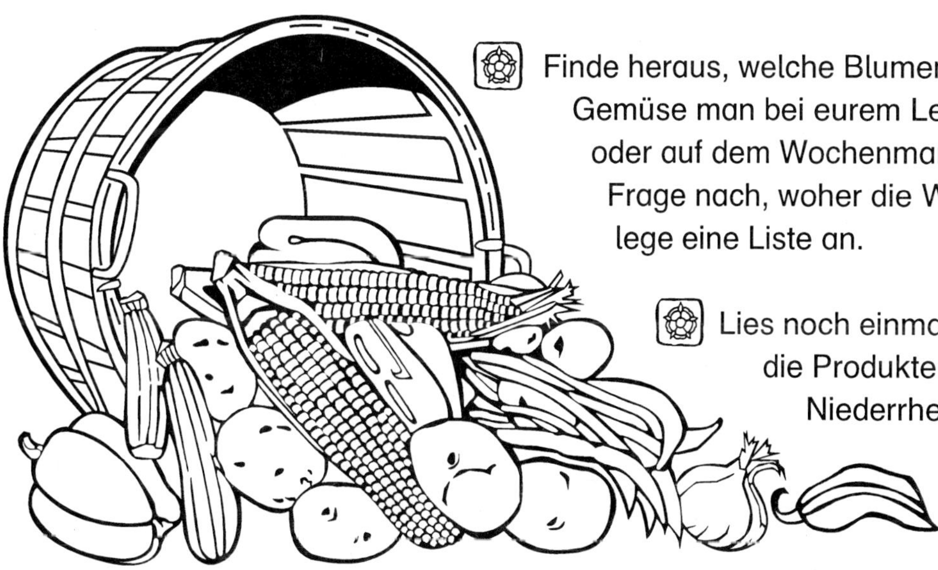

Finde heraus, welche Blumen und welches Gemüse man bei eurem Lebensmittelhändler oder auf dem Wochenmarkt kaufen kann. Frage nach, woher die Waren stammen und lege eine Liste an.

Lies noch einmal den Text. Schreibe die Produkte auf, die am Niederrhein erzeugt werden.

Spargelernte am Niederrhein

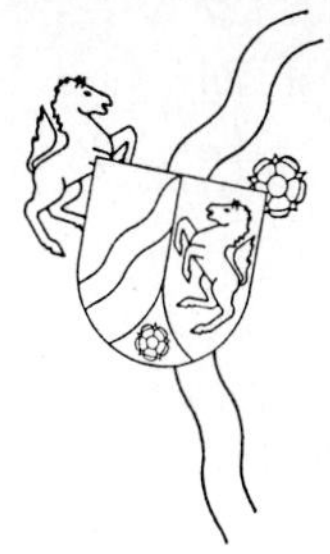

Morgens um fünf, noch bevor die Sonne auf den sandigen Boden scheint, beginnen die Saisonarbeiter ihre Arbeit.
Der Bauer und seine Helfer nehmen Körbe und Stechmesser vom Wagen. Sie ziehen Plastikhandschuhe an und knien sich zwischen die Hügelreihen auf der Erde. Dort suchen sie nach Bruchstellen und Rissen in der glatten Sandfläche. Wenn sie eine solche Stelle gefunden haben, schieben sie die Erde vorsichtig zur Seite. Eine Hand umfasst die Spargelstange, die andere sticht sie weit unten mit dem Messer ab.
Die Stangen werden erst im Korb gesammelt, später gereinigt, gebündelt und verpackt.

Stelle dir vor, du würdest beim Spargelstechen mitmachen. Schreibe einen Bericht über die Spargelernte in der Ich-Form.

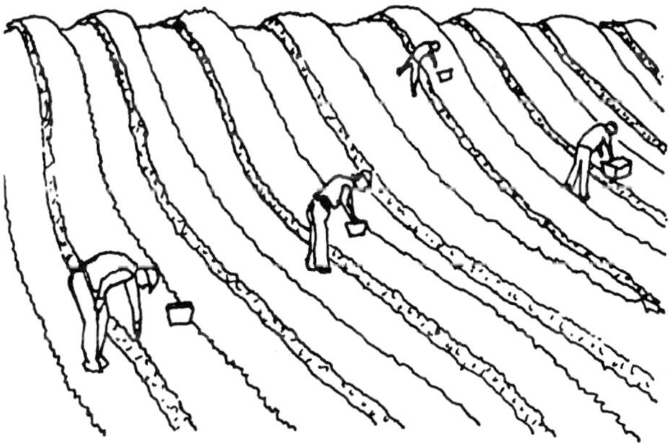

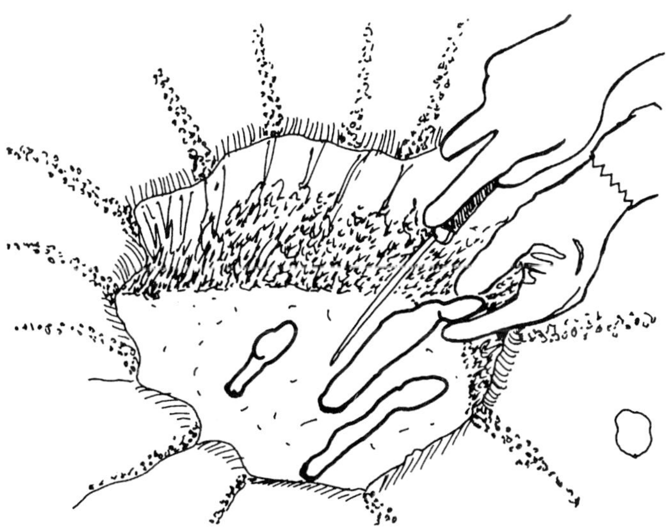

NRW-Quiz

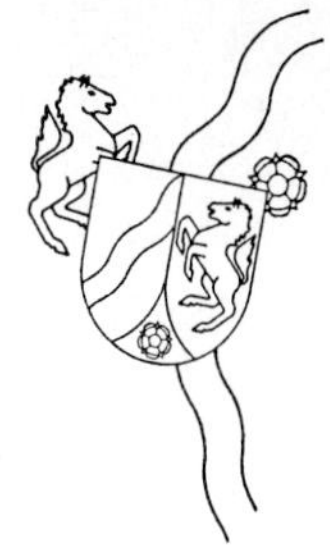

Die Landeshauptstadt von NRW heißt
a) Bonn
b) Köln
c) Düsseldorf
d) Berlin

Die berühmte Schwebebahn fährt in
a) Bielefeld
b) Landsberg
c) Wuppertal
d) Rheintal

Der höchste Berg in NRW ist der
a) Kahle Asten
b) Langenberg
c) Kurzenberg
d) Mont Blanc

Die größte Talsperre in NRW heißt
a) Rurtalsperre
b) Ruhrtalsperre
c) Rheintalsperre
d) Maintalsperre

Im Ruhrgebiet gibt es
a) viele Fußballvereine
b) viele Radrennfahrer
c) viele Skispringer
d) viele Bobfahrer

Die Flagge des Landes NRW hat die Farben
a) grün, weiß, blau
b) rot, weiß, blau
c) grün, weiß, rot
d) blau, weiß, rot

Im Wappen von NRW ist
a) eine Kuh
b) ein Hund
c) ein Pferd
d) ein Esel

NRW ist von der Fläche her
a) das kleinste
b) das größte
c) das viertkleinste
d) das viertgrößte
Bundesland

NRW ist eines von
a) 10
b) 12
c) 14
d) 16
Bundesländern

In der Eifel gibt es viele
a) Mineralwasserquellen
b) Fantaquellen
c) Colaquellen
d) Saftquellen

Aachen war die Kaiserstadt von
a) Klaus dem Dicken
b) Karl dem Dünnen
c) Klaus dem Kleinen
d) Karl dem Großen

NRW hat insgesamt
a) 2
b) 4
c) 5
d) 10
Regierungsbezirke

NRW-Quiz

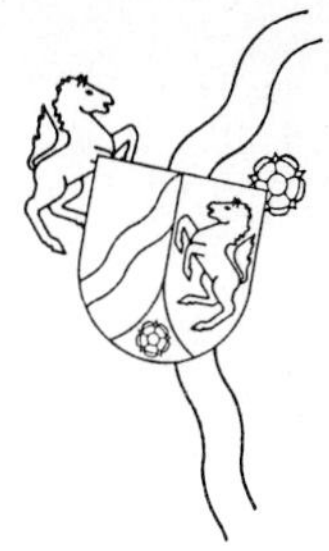

Ein Auto mit dem Kennzeichen D kommt aus
a) Düren
b) Dortmund
c) Detmold
d) Düsseldorf

Die „fünfte Jahreszeit" Karneval feiert man besonders gern in
a) Dortmund
b) Arnsberg
c) Wesel
d) Köln

Das Münsterland grenzt an
a) die Niederlande
b) Belgien
c) Dänemark
d) Frankreich

Braunkohle-Tagebau gibt es in
a) Ostwestfalen
b) der Eifel
c) der Kölner Bucht
d) dem Ruhrgebiet

Besonders gute Spargelernten gibt es
a) am Niederrhein
b) im Sauerland
c) im Teutoburger Wald
d) in der Eifel

Köln und Xanten sind alte
a) Römerstädte
b) Griechenstädte
c) Germanenstädte
d) Neandertalerstädte

In NRW leben
a) mehr als 80 Millionen
b) mehr als 17 Millionen
c) weniger als 10 Millionen
d) weniger als 5 Millionen
Menschen

NRW besteht aus
a) drei
b) fünf
c) acht
d) zwölf
Großlandschaften

Die Müngstener Eisenbahnbrücke führt über
a) den Rhein
b) die Wupper
c) die Ruhr
d) die Lippe

Der Neandertaler wohnte
a) in Wohnwagen
b) auf Bäumen
c) in Häusern
d) in Höhlen

Schneide die Karten aus. Ihr könnt zu zweit oder mit mehr Kindern spielen. Stellt euch gegenseitig die Fragen.

Denke dir weitere Fragen aus und stelle noch mehr Quizkarten her.

Das NRW-Alphabet

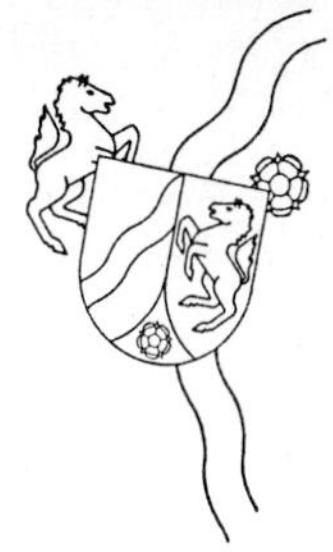

Sammelt Begriffe zum Thema NRW. Am besten hängt ihr ein großes Plakat mit dem Alphabet auf und tragt die Begriffe immer dann ein, wenn sie euch einfallen.

Unten seht ihr eine Vorlage für ein Spiel zum NRW-Alphabet.

Schneidet die Buchstabenkärtchen aus, legt sie mit der Rückseite nach oben aus und vermischt sie gut. Der erste Mitspieler zieht ein Kärtchen und nennt den Buchstaben. Jeder schreibt so viele Begriffe wie möglich auf, die mit dem Buchstaben beginnen und zu NRW gehören. Das können Namen von Städten, Landschaften oder Flüssen sein, die Landesfarben oder Autokennzeichen, vielleicht auch Wahrzeichen, Sehenswürdigkeiten oder Berühmtheiten.

Gewonnen hat derjenige, der die meisten Begriffe gefunden hat.

A	B	C	D	E	F
G	H	I	J	K	L
M	N	O	P	R	S
T	U	V	W	X	Z

Das NRW-Lied

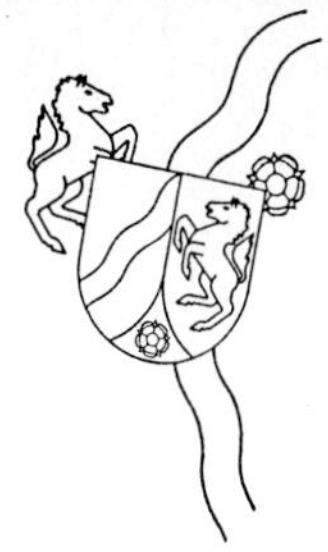

1. Wo ich herkomm', sind Hügel rar,
weshalb ich gerne Fahrrad fahr'
von einer Wasserburg zur ander'n.
So mochte hier auch einstmals
wandern
der Kiepenkerl, der, hier bekannt,
für seine Waren Käufer fand.
Nun ratet mal: Wo komm' ich her?
Das ist doch überhaupt nicht schwer!
Ein jeder hier sofort verstand:
Du wohnst gewiss im Münsterland!

2. Wo ich wohn', führte einst Hermann
zum Siege die Germanen an.
Weil er die Römer hat vertrieben,
ist er als Denkmal hier geblieben.
Kanal und Weser zu verbinden,
schafft unser Wasserkreuz bei Minden.
Nun ratet mal: Wo komm' ich her?
Das ist doch überhaupt nicht schwer!
Es ist ganz leicht sich auszumalen.
Du wohnst gewiss in Ostwestfalen!

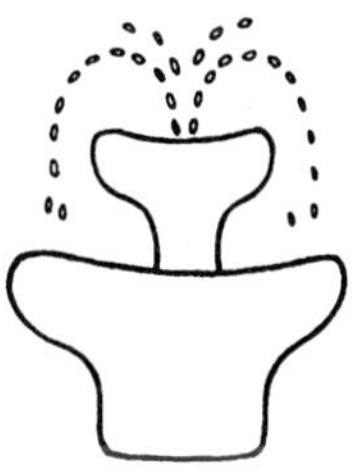

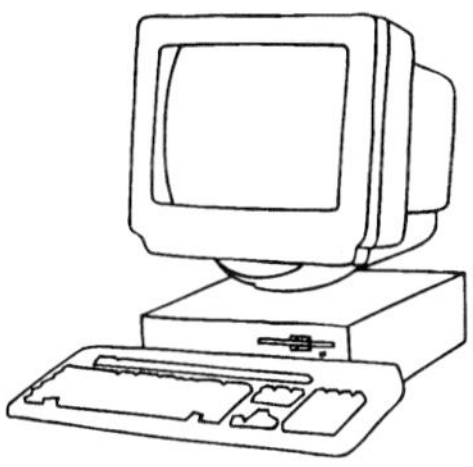

3. Wo ich wohn', war man unter Tag'
beschäftigt mit dem Kohlenschlag.
Der Bergbau führte Menschen her,
die Städte wuchsen immer mehr.
Doch auch wenn Stadt an Stadt
anschließt,
man heut' hier Parks und Seen genießt.
Nun ratet mal: Wo komm' ich her?
Das ist doch überhaupt nicht schwer!
Ganz schnell uns dein Bericht verriet:
Du wohnst gewiss im Ruhrgebiet!

4. Wo ich herkomm', ist's gar nicht weit
zur Landeshauptstadt, wo zur Zeit,
als Mammuts aus den Wäldern ragten,
Neandertaler diese jagten.
Von unser'm Feld und von der Wiese
kauft man gern' Blumen und Gemüse.
Nun ratet mal: Wo komm' ich her?
Das ist doch überhaupt nicht schwer!
Sofort fiel uns die Lösung ein:
Du wohnst gewiss am Niederrhein!

Das NRW-Lied

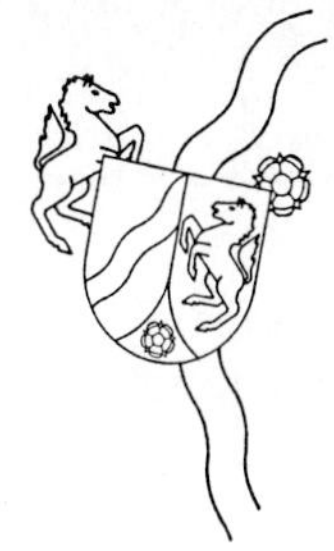

5. Wo ich wohn', eine Stadt sich findet,
die von den Römern einst gegründet.
Dort feiert man auf jeden Fall
besonders gerne Karneval.
Van Beethoven, der Komponist,
nicht weit entfernt geboren ist.
Nun ratet mal: Wo komm' ich her?
Das ist doch überhaupt nicht schwer!
Die Antwort niemand lange sucht:
Du wohnst wohl in der Kölner Bucht!

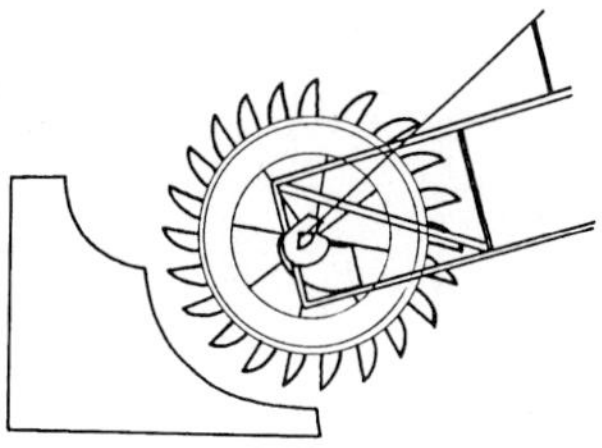

6. Wo ich herkomm', gibt's eine Stadt,
die etwas ganz Besond'res hat:
Die Erde ist so wenig eben,
dass dort die Straßenbahn muss
schweben.
Die Hügel, die sich hier erheben,
dem ganzen Land den Namen geben.
Nun ratet mal: Wo komm' ich her?
Das ist doch überhaupt nicht schwer!
Wir alle haben gleich erkannt:
Du wohnst gewiss im Bergischen Land!

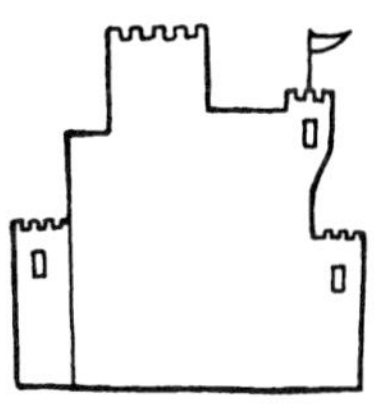

7. Wo ich wohn', gibt's Gebirg' und Wald.
Im Winter ist's besonders kalt.
Drum ist gerade dieser Ort
geeignet für den Wintersport.
Als Weihnachtsbäume sind beliebt
die schönen Fichten, die's hier gibt.
Nun ratet mal: Wo komm' ich her?
Das ist doch überhaupt nicht schwer!
Selbst schuld, wer nicht die Lösung
fand:
Du wohnst gewiss im Sauerland!

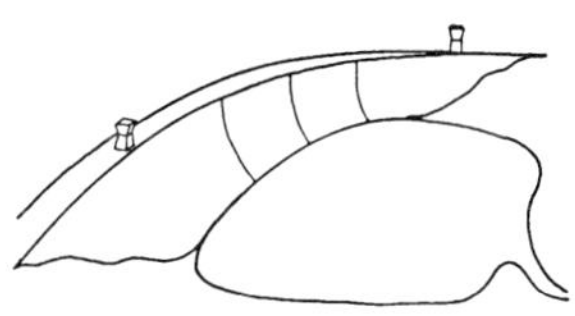

8. Wo ich wohn', prägten das Gestein
Vulkane, die heut' nicht mehr spei'n.
Als Wasser in die Krater fand,
gab's Seen, die man Maare nannt'.
Natur, fernab vom Stadtverkehr,
zieht hier so manchen Wand'rer her.
Nun ratet mal: Wo komm' ich her?
Das ist doch überhaupt nicht schwer!
Die Antwort lautet ohne Zweifel:
Du wohnst ganz sicher in der Eifel!

Das NRW-Lied — Für die Instrumentalbegleitung

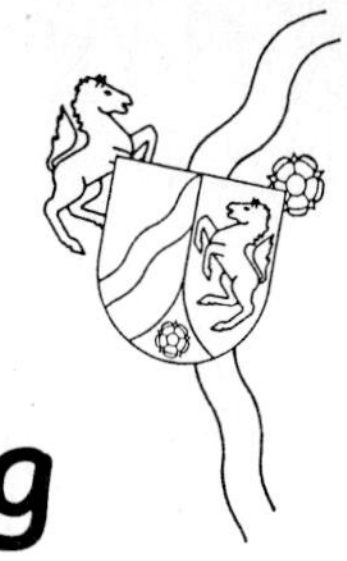

Rezepte aus Nordrhein-Westfalen

Kräftiges ostwestfälisches Bauernfrühstück

(auch als Mittagessen geeignet)

Zutaten für 4 Personen: 8 mittelgroße Kartoffeln, 3 Zwiebeln, 6 Eier, 100 g Schinkenwürfel, 100 ml Milch, Salz, Pfeffer, Gewürzgurken, etwas Butter

So geht es: Kartoffeln mit Schale ca. 25 Minuten kochen. Abkühlen lassen, pellen und in Scheiben schneiden. Butter in der Pfanne erhitzen und Kartoffeln bräunen, Zwiebelstücke dazugeben. Eier und Milch verrühren, Schinken dazugeben und das Ganze über die Kartoffeln gießen. Vorsichtig salzen und pfeffern (der Schinken ist schon salzig).

Tipp Mit sauren Gurken verzieren.

Jogurt aus Münsterländer Milch

Zutaten für 6 Gläser Jogurt: 1 Liter haltbare Milch,Thermometer, ca. 6 Gläser mit Schraubdeckel (z.B. Marmeladengläser), Naturjogurt

So geht es: Erhitze die Milch in einem Topf ganz kurz bis zum Siedepunkt. Sie darf aber nicht kochen!
Nimm den Topf von der Herdplatte und lass die Milch auf etwa 40 Grad abkühlen.
Wenn die Milch handwarm ist, rühre mit dem Schneebesen einen Naturjogurt ein.
Fülle die Milch in die gut ausgespülten Gläser und verschließe diese.
Stelle die Gläser in einen auf 50 Grad vorgewärmten Backofen und lasse sie dort für etwa vier Stunden warm stehen.
Damit der Jogurt fest wird, stelle ihn anschließend für einige Stunden in den Kühlschrank.
Im Kühlschrank ist dein Jogurt eine Woche haltbar.

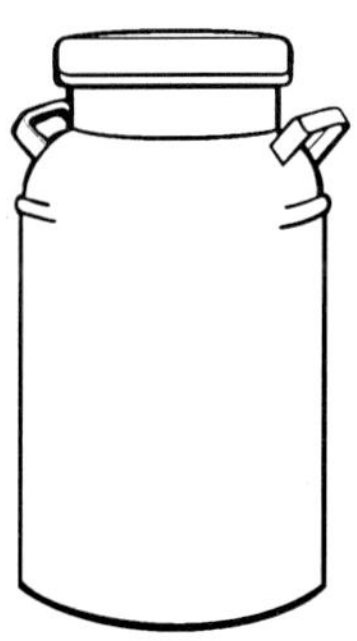

Idee Probiere deinen Jogurt einmal mit Müsli, frischem Obst oder Marmelade!

Rezepte aus Nordrhein-Westfalen

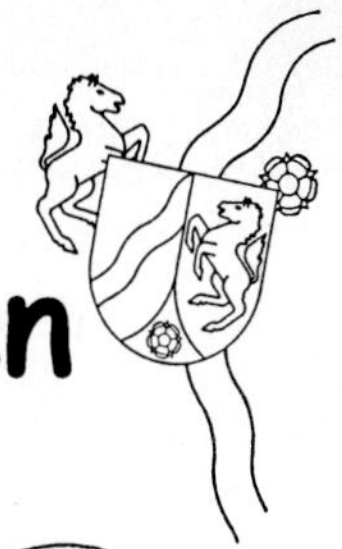

Bergische Waffeln

Zutaten für 4 Personen:
125 g Butter, 6 g Backpulver,
50 g Zucker, 1/4 l Milch,
3 Eier, 500 g Sauerkirschen,
200 g Weizenmehl, 20 g Speisestärke,
200 g Sahne, Puderzucker

So geht es:
Butter, Zucker, Eier, Mehl, Backpulver und Milch zu einem Teig verarbeiten. In einem gefetteten Waffeleisen gut ausbacken.
Die Kirschen erhitzen und mit der Speisestärke andicken.
Die Sahne mit einem Mixer steif schlagen.
Die Waffeln werden mit Puderzucker bestäubt. Serviert dazu die heißen Kirschen und die Schlagsahne.

Idee
Jetzt könnt ihr den Tisch schön decken und eine „Bergische Kaffeetafel" veranstalten – natürlich mit Tee, Saft oder Milch!

Spargel-Rezept vom Niederrhein

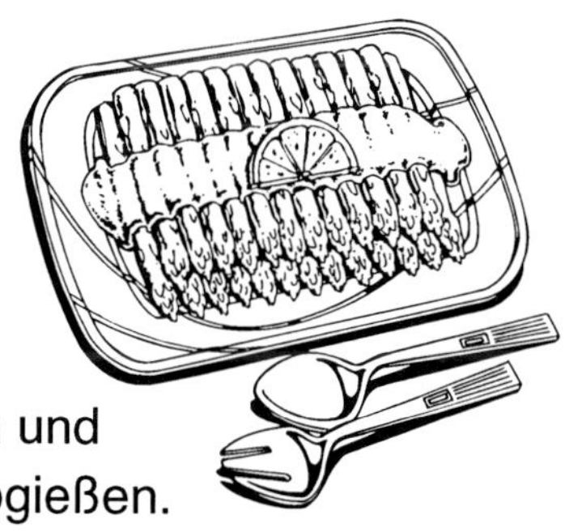

Zutaten:
grüner oder weißer Spargel,
gekochter Schinken,
Butter,
Kartoffeln

So geht es:
Frische Kartoffeln schälen, schneiden und in Salzwasser 20 – 30 min kochen, abgießen.
Den Spargel waschen (weißen Spargel vorher schälen), in kochendem Salzwasser kurz dünsten (etwa 10 min, je nach Dicke der Stangen), abtropfen lassen.
Auf je eine Scheibe Kochschinken eine Spargelstange legen und aufrollen.
Butter in der Pfanne erhitzen und anbräunen lassen.
Kartoffeln und Röllchen auf einen Teller legen, mit Butter übergießen.

Mmh, lecker!

Anhang

Adressen

Tourismusverband Nordrhein-Westfalen e.V.
Emil-Hoffmann.Str. 1a
50996 Köln
Tel.: 02236-967255
Fax: 02236-967288
(Kostenlose Unterlagen, Information, Kartenmaterial)

Ministerium für Umwelt und Naturschutz, Landwirtschaft und Verbraucherschutz des Landes NRW
Schwannstr. 3
40476 Düsseldorf
(Kostenlose Broschüren und Freizeitkarten)

Münsterland-Touristik
Hohe Schule 13
48565 Steinfurt

Touristikverband Siegerland-Wittgenstein
Koblenzer Str. 73
57073 Siegen
Tel.: 0271-33-1022
Fax: 0271-333-1029

Touristikzentrale Sauerland
Postfach 1460
59929 Brilon
Tel.: 02961-943229
Fax: 02961-943247

Kommunalverband Ruhrgebiet (Öffentlichkeitsarbeit)
Kronprinzenstr. 35
45128 Essen
Tel.: 0201-20690

Neanderthal Museum
Talstr. 300
40822 Mettmann
Tel.: 02104-979797

Römisch-Germanisches Museum
Roncalliplatz 4
50667 Köln
Tel.: 0221-22124438

Archäologischer Park Xanten
Wardter Str. 2
46509 Xanten
Tel.: 02801-772298

Deutsches Klingenmuseum
Klosterhof 4
42653 Solingen
Tel.: 0212-258360
Fax: 0212-2583630

Anhang

Literaturhinweise

Mennen, Patricia / Kock, Hauke:
Ich lebe in Deutschland.
Ravensburger, 1999.
ISBN 3-473-35685-9

Alexander Kleine Atlanten:
Kleiner Atlas Nordrhein-Westfalen.
(hrsg. v. Ernst Benedict) Klett, 1998.
ISBN 3-12-492080-5

Bröger, Achim:
Meyers großes Kinderlexikon. Lexikon-Geschichten zum Nachschlagen, Lesen und Vorlesen.
Mannheim: Bibliogr. Inst., 1999.
ISBN 3-411-07694-1

Wieso? Warum? Weshalb?
Über 150 Fragen und Antworten aus vielen Wissensgebieten.
Nürnberg: Tesloff, 2000.
ISBN 3-7886-0378-X

Baxter, Nicola:
1000 Fragen und Antworten aus Natur, Wissenschaft und Technik.
Würzburg: Arena Verlag, 2000.
ISBN 3-401-05051-6

Bartos, Burghard / Baumann, Stephan:
Das will ich wissen. Unsere Umwelt.
Würzburg, Arena Verlag, 1995.

Carlson, Laurie:
Wir spielen Griechen und Römer.
Verlag a. d. Ruhr, 2000.
ISBN 3-86072-480-0

James, Simon:
Sehen, staunen, wissen: Das Alte Rom.
Hildesheim: Gerstenberg, 1989.
ISBN 3-8067-4422-X

Van Rose, Susanna:
Sehen, staunen, wissen: Vulkane.
Hildesheim: Gerstenberg, 1993.
ISBN 3-8067-4435-1

Halley, Ned / Brightling, Geoff:
Sehen, staunen, wissen: Landwirtschaft.
Hildesheim: Gerstenberg, 1996.
ISBN 3-8067-4481-5

Fünf Minuten Bauernhofgeschichten.
Bindlach: Gondrom-Verlag, 2000.
ISBN 3-8112-1798-4

Doherty, Gillian / Gower, Teri:
Auf dem Bauernhof.1001 Bilder zum Suchen, Entdecken und Zählen.
München: Betz, 1999.
ISBN: 3-219-10781-8

Sehen, staunen, wissen:
Die ersten Menschen.
Hildesheim: Gerstenberg, 1989.
ISBN 3-8067-4408-4

Mundart-Literatur
Wolf, Jott:
Max und Moritz im Kohlenpott.
Henselowsky - Boschmann, 1991.
ISBN 3-922750-16-8

Wolf, Jott:
Der revierdeutsche Strubbelpedder.
Henselowsky - Boschmann, 1995.
ISBN 3-922750-25-7

Gröbe, Volker / Tiling, Herrwegen, Alice:
Dä kleine Prinz op Kölsch.
(nach Antoine de Saint-Exupéry)
Mundartverlag Michaela Naumann, Pfalz.
ISBN 3-933575-03-6

Gröbe, Volker:
Die Weihnachtsgeschichte op Kölsch.
Mundartverlag Michaela Naumann, Pfalz.
ISBN 3-933575-22-2

Kringe, Mathias:
Dr Sejerlännr Schdrubbelpeadr.
(im Siegerländer Dialekt)
Mundartverlag Michaela Naumann, Pfalz.
ISBN 3-933575-41-9